新品みたいに長持ち!

お手入れの教科書

阿部絢子
生活研究家、消費生活アドバイザー

PHP
ビジュアル
実用BOOKS

はじめに

ときどき私が足を運ぶ、ドイツ・フライブルグでは、「モノは資源とエネルギーを消費して造られる」「自分に不要、でも他人に必要なモノはある」という「リユースの考え」が市民の暮らしに根強く浸透し、モノを大切に、お手入れ&修理をしながら使い続けています。

せっかく気に入り、やっと手に入れたモノだからこそ、大切に使わなければ、宝の持ち腐れと同じこと。

ここに紹介するお手入れ法も同じ考え方から生まれました。モノの材質や仕組み、繊維の性質や特性などを理解し、ちょっぴり科学的な技術と、ほんの少しの手をかけて、長くよい状態に保つ手順を細かく示しています。

いつでも手に取れて、暮らしに役立つ一冊です。

新品みたいに長持ち！ お手入れの教科書

CONTENTS

CONTENTS

chapter 5 住居のお手入れ

chapter 6 雑貨・その他のお手入れ

chapter 1

衣類のお手入れ

しまう前にブラッシングする、洗濯した後の干し方を変えてみる—。今までよりちょっと手をかけてあげるだけで、服はぐっと長持ちします。繊維の特徴や洗濯方法の選び方など、お手入れに欠かせない基礎知識も知っておきましょう。

01 スーツ、学生服を長持ちさせるお手入れ

自宅で洗えないスーツや学生服は、
日頃のお手入れで汚れを
溜め込まないようにします。
外側からの汚れだけでなく、
中に着るブラウスやシャツを頻繁にかえ、
内側から汚れがつかないようにしましょう。

日常のお手入れ

1. 吊るして休ませる

Point!
上着は肩先に厚みがあり、肩に沿って湾曲しているスーツ・ジャケット用ハンガーを使う。

型くずれとずり落ち防止に、ボタンは1、2個留めておくとよい。

脱いだらすぐに、ハンガーにかける。型くずれのほか、熱気と湿気を発散させてにおいがつくのを予防する。

2. たたくようにブラッシング

Point!
汚れがつきやすい肩は念入りに。

肩、襟《えり》、袖など汚れやすい箇所を中心に洋服ブラシ（P.38）でたたき、毛足の中のほこりをかき出す。

3. 上から下にブラッシング

ほこりをかき出したら、上から下に向かって毛足をなじませるようにブラッシングする。

4. 休ませる

風通しがよく、日の当たらない場所に吊るしておく。毎日着用せず、休ませるのが長持ちの秘訣《ひけつ》。

雨に濡れたとき

1. 水けを吸い取る

Point!
水分は「拭き取る」のではなく「吸い取る」と繊維を傷めない。

濡れたまま着ると、自分の体の形になり、型くずれする。濡れたらすぐに乾いたハンカチで水分を吸い取る。

2. 陰干しする

Point!
外出前に撥水《はっすい》スプレー（P.76）をかけておくのも効果的。

帰宅後はすぐにハンガーにかけて、風通しのよい場所で陰干しを。水分をしっかり飛ばす。

しわができたとき

1. 霧吹きをする

Point!
素材が綿と麻の場合、水分がないとしわが伸びないので霧吹きでカバー。

ハンガーに吊るしておけば、軽いしわは取れる。それでも取れなければ霧吹きをして湿らせる。

2. スチームアイロンをあてる

Point!
あて布をして、アイロンをかけてもよい。

ハンガーにかけた状態で、スチームアイロンを1cm程度浮かせて、2〜3秒ほどじっくりとあてる。

ワンポイントアドバイス

ネクタイ・リボンのお手入れ

しわができたらスチームアイロンを1cm程度浮かしてあてればOK。ネクタイの先端は、あて布をして素材の温度（P.13）に合わせてアイロンをかけ、ピシッと整える。

ネクタイやリボンは手の皮脂汚れがつくので、放っておくとくすみの原因になります。シルクなら布に少量のベンジンを含ませて、汚れをさっと拭き取り、ポリエステルなどの洗える素材は、型くずれしないように洗面器の中で押し洗い（P.27）を。すすいだらタオルで挟んで水けを吸い取り、平干しします。

02

ウールコートを長持ちさせるお手入れ

羊毛をはじめとした動物繊維の
ウール毛織物は
毛足が長いのが特徴です。
水をはじき、汚れが付着しにくい繊維ですが、
特に毛足が長いものになると
汚れが付着しやすくなります。

1. 吊るして休ませる

Point!
スーツの上着(P.8)同様、ボタンは1、2個留めておくとよい。

ウールは保温性に優れた素材だが、湿気を含みやすい。

着用後はすぐにタンスにしまわず、ハンガーに吊るして風通しのよい場所で陰干しし、湿気を飛ばす。

2. ブラッシングする

Point!
ブラッシングは汚れを落とすだけでなく、毛玉予防にもなる。

週に1回程度、洋服ブラシ(P.38)で袖口など汚れやすい箇所をたたき、上から下にブラッシングする。

3. スチームアイロンをあてる

しわができたら、ハンガーに吊るした状態でスチームアイロンをあてる。2～3㎝程離してかけること。

ワンポイントアドバイス

衣替えのときのお手入れ

乾いた布に少量のベンジンを含ませ、ポケット口や袖口、襟《えり》まわりなど汚れがつきやすい部分を拭き取ります。乾いたらていねいにブラッシングして収納を。シーズンごとにきちんとお手入れすれば、クリーニングに出さなくてもOKです。

03 トレンチコートを長持ちさせるお手入れ

coat

トレンチコートの素材に多い綿は
汚れが付着しやすいうえに、
すれて黒ずみになりやすいのが難点です。
織りの性質的にも
表面に汚れが目立ちやすいので
毎日しっかりお手入れをしましょう。

1. 吊るして休ませる

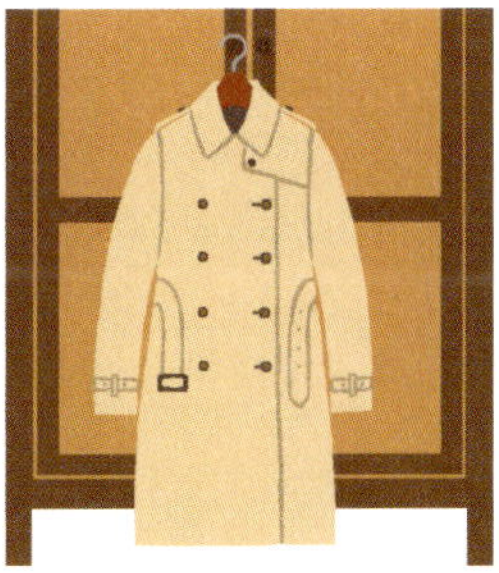

ポケットに何か入っていると型くずれのもと。ポケットの中身は取り出し、ハンガーに吊るしてよく休ませる。

2. ときどきベンジンで拭く

Point!
袖口から上に向かって、汚れをなじませるように拭く。
綿製品にブラッシングをすると毛羽立つので気をつけて。
ベンジン

袖口、首まわり、裾《すそ》、ポケット口などのすれやすい部分は、乾いた布にベンジンを含ませて汚れを落とす。

3. 泥汚れはぼかす

Point!
まわりになじませるように拭きぼかす。

泥汚れは完全に乾かしてから、親指と人差し指ではじき取る。その後、汚れをぼかすように布で水拭きする。

ワンポイントアドバイス
洗濯機で洗う

トレンチはクタッとするのも味わいのひとつ。ボタンを全部閉めてきれいにたたみ、洗濯ネットに入れて洗濯機の弱水流（ドライ・手洗いコース）で洗ってもOK。その後ハンガーに吊るして乾燥させます。アイロンはあて布をしてかけましょう。

04 ファーコートを長持ちさせるお手入れ

coat

動物の毛でできたリアルファー（毛皮）と
それをまねて化学繊維でつくられた
フェイクファーがあります。
特にリアルファーは衣類害虫に喰われやすいので、
収納前のお手入れを欠かさないように注意しましょう。

1. 裾《すそ》を持って振る

両手で裾を持ち、逆さにしてパタパタと振る。毛が逆立ち空気が入るので、たいていのほこりは取れる。

2. お湯で絞ったタオルで拭く

Point!
衣替えのときにも同様にするとよい。
②
①

汚れやにおいがついたら、お湯で濡らして絞ったタオルで下から上に拭いた後（①）、上から下に拭く（②）。

3. 毛流れを整える

ハンガーに吊るして、毛流れを上から下に整える。目の粗いくし（P.38）を使うとよい。

4. 自然乾燥させる

風通しがよく、日の当たらない場所に干し、しっかりと乾かす。普段のお手入れは、**1**と**4**だけでOK。

column

おもな繊維の特徴

**繊維の特徴を知っておくと、お手入れで失敗することも少なくなります。
混紡の衣料にアイロンをかける場合は、一番低温の繊維に温度を合わせましょう。**

アクリル

原料 石油（合成繊維）
使用例 ニットなどの衣類、靴下、毛布、カーペットなど
アイロン 低（80～120℃）
長所 軽くて弾力がある／しわになりにくい／縮みにくい／保温性が高い
短所 熱に弱い／静電気が起きやすい／水に濡れると伸びる

絹（シルク）

原料 蚕《かいこ》の繭《まゆ》（動物繊維）
使用例 ブラウス・ワンピースなどの衣類、下着、着物、ネクタイ、スカーフ、風呂敷など
アイロン 中（140～160℃）
長所 独特の光沢としなやかさ／吸湿性、通気性、保温性、保湿性が高い
短所 水に弱く、縮みやすい／シミになりやすい／摩擦に弱い／虫がつきやすい

綿（コットン）

原料 綿花（植物繊維）
使用例 シャツ・パンツなどの衣類、下着、タオル、布団など
アイロン 中（140～160℃）
長所 洗濯や熱に強い／通気性、吸湿性が高い
短所 酸に弱く、黄ばみやすい／縮みやすい

ナイロン

原料 石油（合成繊維）
使用例 靴下・タイツ、下着、水着、スポーツウエア、傘など
アイロン 低（80～120℃）
長所 丈夫で軽い／絹のような光沢がある／摩擦に強く、しわになりにくい
短所 吸湿性が低い／静電気が起きやすい／熱に弱い

ポリエステル

原料 石油（合成繊維）
使用例 ワンピース・パンツ・ニットなどの衣類、レインコートなど
アイロン 中（140～160℃）
長所 軽くて丈夫／しわになりにくい／縮みにくく、摩擦に強い／乾きやすい
短所 吸湿性が低い／静電気が起きやすい／汚れを吸収しやすい（油汚れは取れにくい）

麻（リネン）

原料 麻類（植物繊維）
使用例 シャツ・パンツなどの衣類（夏物が多い）、布巾、ストールなど
アイロン 高（180～210℃）
長所 涼感がある／通気性、吸湿性が高い／洗濯や熱に強い
短所 しわになりやすい／縮みやすい／濃色は色落ちしやすい

ポリウレタン

原料 石油（合成繊維）
使用例 水着、下着、スポーツウエア、合成皮革など
アイロン 低（80～120℃）
長所 軽くて伸縮性がある
短所 紫外線に弱い／5年程で劣化する

レーヨン

原料 木材パルプ（再生繊維）
使用例 ブラウスなどの衣類、下着、衣類の裏地など
アイロン 中（140～160℃）
長所 吸湿性がある／肌触りがよい／光沢がある
短所 水に弱く、シミになりやすい／摩擦に弱く、縮みやすい

毛（ウール）

原料 羊毛・カシミヤ・アンゴラ・モヘヤ・アルパカなど（動物繊維）
使用例 ニット・コート・スーツなどの衣類（冬物中心）、マフラー、手袋、毛布など
アイロン 中（140～160℃）
長所 しわになりにくい／弾力性がある／吸湿性、保温性が高い／撥水《はっすい》性がある
短所 摩擦に弱く、毛玉ができやすい／虫がつきやすい／濡れた状態でもむと縮む

05 スーツ、学生服のテカリとにおいの落とし方

**スーツのテカリは繊維が
汚れて、押しつぶされているのが原因。
繊維がすり減っていなければ、回復します。
また、繊維は湿るとにおい成分が
吸着しやすくなるので、
濡れたときはすぐに水けを吸い取りましょう。**

においの落とし方

1. 浴室に吊るす

ハンガーにかけて、浴室など湿り気のある場所に吊るす。浴室の窓やドアは閉めておく。

2. 陰干しする

Point!
取れないときは、何度も繰り返すこと。

風通しがよく、日の当たらない場所で乾かす。水分を含んだままにしておくと、においを再吸着する原因に。

テカリの落とし方

1. 水拭きする

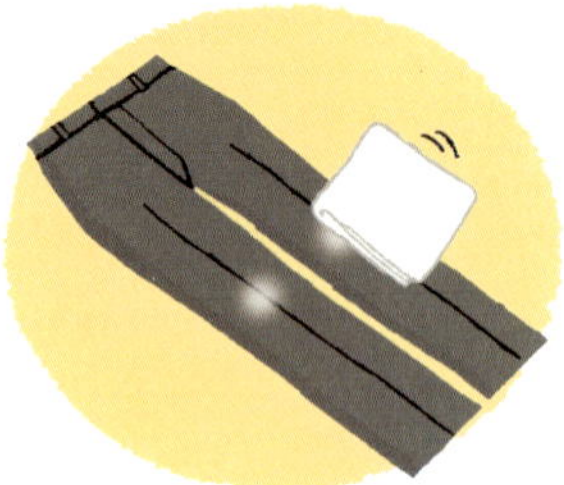

水で固く絞ったタオルでテカっている部分を拭き、ほこりや汚れをしっかり取る。

2. スチームアイロンをあてる

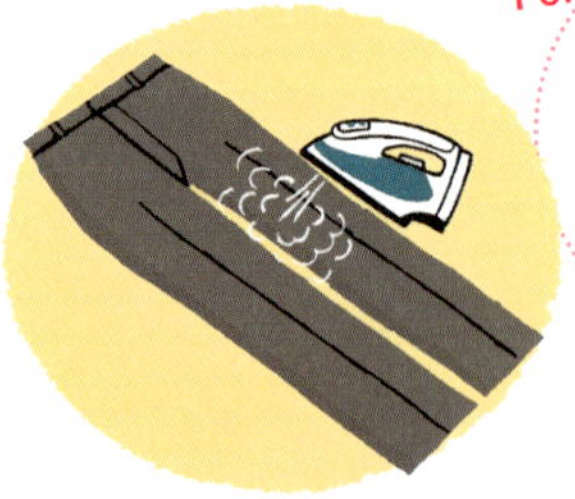

Point!
回復しない場合は洗面器に水を張り、酢１滴を混ぜてテカリをこすり、汚れを取る。

スチームアイロンを１cm程浮かして、３秒間たっぷり湯気をあてると繊維が立ち上がってくる。

06 スーツ、学生服の汗と皮脂汚れの落とし方

汗の成分は98%が水、
2％が尿酸・アンモニア・塩分です。
汗が乾くと塩分が白くなり目立ってくるため、
汗じみを落とすには水分が必須。
一方、皮脂汚れは油なので
ベンジンや酵素入り洗剤を
使う必要があります。

洗えるスーツ

前処理をする

Point!

目に見えないだけで、黄ばみが進んでいることも。そのまま洗っても汚れが残るので、必ず前処理をする。

洗うときは、生地が傷まないよう洗濯ネットに入れ、弱水流（ドライ・手洗いコース）を選ぶとよい。

襟《えり》ぐりや袖口に石けんや部分汚れ落とし、酵素入り部分用洗剤などをつけて30分程置いてから洗濯機で洗う。

洗えないスーツ、学生服

1. ベンジンで拭く

Point!

ベンジンは30分程度で揮発《きはつ》する。

皮脂の汚れである黄ばみや黒ずみは水では落ちないので、乾いた布に少量のベンジンを含ませて拭く。

2. 水拭きで汚れをぼかす

ベンジンが乾いたら、水で固く絞った布やタオルで汗じみをしっかり拭き取る。汚れをぼかすイメージ。

ワンポイントアドバイス

**泥はねに洗剤は関係なし！
まず乾かして土に戻す**

水分に土の成分が混じっているのが泥。取るときは自然乾燥で水分を飛ばして土に戻し、布の裏側から指ではじきます。繊維と繊維の間に入っている大きな土は、これでほとんど取れます。その後、洋服ブラシ（P.38）でブラッシングして仕上げましょう。

07 セーターを傷めない毛玉の取り方

毛玉ができるのは、
毛羽がこすれて丸く絡まるため。
こうなるとセーターの保温性も弱まります。
ウールやカシミヤの毛玉は自然に脱落しやすく、
アクリルなどの合成繊維は
脱落しにくい傾向にあります。

1. 毛玉をカットする

大きくなってしまった毛玉は、はさみでカットする。手で引きちぎると編み目や繊維が傷むので注意！

2. ブラッシングする

Point! アクリルなどの合成繊維は毛玉が取れにくいので、カミソリなどで削り取ってもOK。

毛玉とりブラシ（P.38）で上から下にブラッシングして、小さな毛玉を取り、毛足も整える。

ワンポイントアドバイス

毛玉をできにくくする日常のお手入れ

着用後に両手でセーターの裾《すそ》を持ち、逆さにしてパタパタと振ると、毛羽の絡まりが取れて毛玉防止に。また、毛玉はわきや袖、ひじ、ひざ、お尻の部分など、繊維がこすれやすい箇所にできやすいもの。洗濯の摩擦でもできるので、大切な衣類は洗濯ネットに入れて弱水流（ドライ・手洗いコース）で洗うか、手洗い（P.24）しましょう。

08 プリーツスカートのアイロンのかけ方

プリーツは熱で折り目をつけたひだ加工のこと。
濡れたままで長時間座ったりすると、
ひだがくずれやすくなります。
折り目が甘くなったら、
整えてからアイロンをかけましょう。

1. ウエストにおもりをのせる

スカートをアイロン台に通して、ウエストに辞書や厚めの本などを、おもりにしてのせる。

2. プリーツを3～4本ずつそろえる

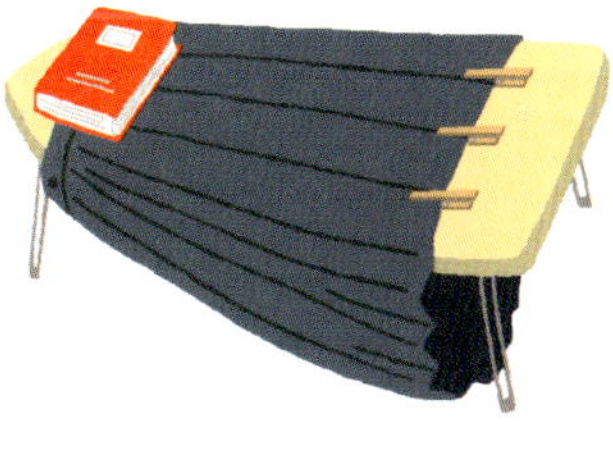

一気に整えようとせず、プリーツを3～4本ずつそろえる。裾《すそ》を洗濯ばさみで留めておくとかけやすい。

3. スチームアイロンをあてる

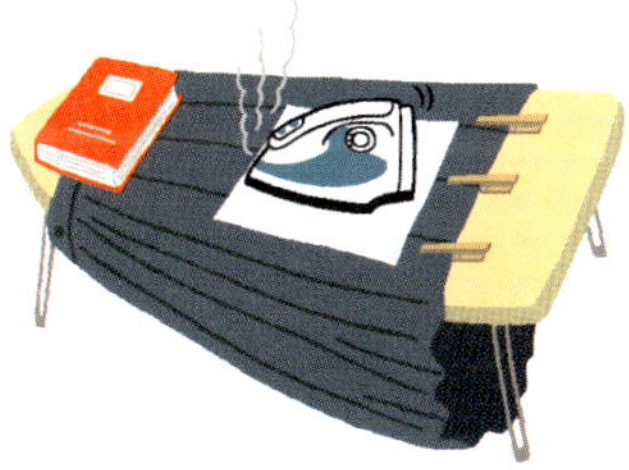

スチームアイロンを裾から上に向かって、3秒ずつゆっくりかける。テカリが気になる場合はあて布をする。

ワンポイントアドバイス

ひだがやわらかく折られた「ソフトプリーツ」のお手入れ

「ソフトプリーツ」の場合はアイロンがけは必要ありませんが、よれたりしわが目立ってきたら手洗いを。洗いおけの中で振り洗い（P.27）してプリーツと同じ方向に少し絞り、ハンガーに吊るして陰干しします。

column

シミの抜き方

**衣類につくシミにはさまざまな種類があり、
シミの原因ごとに多少ですがお手入れの仕方が変わってきます。
シミ抜きにはその種類を把握することが大切です。**

シミの原因を把握して適切な落とし方を

シミ（染み）は、食べ物、文房具、化粧品などの色が衣類に残った状態をいいます。洗濯をしたり、おしぼりなどでこすると取れにくくなるので、洗濯前に落とします。また、その原因によりシミ抜きの方法が変わってくるため、間違った方法で処置すると落ちづらくなることも。付着したシミが何なのか分かると、適切なシミ抜きができるのです。

　シミは大きく分けて、水に溶ける「水溶性のシミ」、油に溶ける「油溶性のシミ」、水と油が混じった「水油性のシミ」、水にも油にも溶けない「不溶性のシミ」の4種類があり、それぞれ処置の方法が異なります（下の「シミの種類と特徴」を参照）。ただし、たとえばカレーには水分、肉やサラダ油の油分、ターメリックなどの色素が混ざっているように、多くのシミは水油性であるため、落ちにくくなっています。

　頑固なシミは一度で落ちないこともありますが、何回かシミ抜きを繰り返してみましょう。

シミの種類と特徴

シミの特徴や対処法を、種類別に紹介します。

水油性のシミ

カレーやミートソース、牛乳など、水溶性と油溶性のものが混ざったもの。多くの料理、食品にあてはまる。ついてすぐなら水と食器用中性洗剤で落とすこともできるが、難しければシミ抜き剤を使う。

水溶性のシミ

ジュース、コーヒーなどの飲み物や、しょうゆなどの液体。水で落とすことができる。時間が経つと酸化して落としにくくなるので、早めの対処がカギ。赤ワインは色素が入っているため、より落としにくい。

不溶性のシミ

泥はねや鉄さび、墨汁、花粉など、水にも油にも溶けないもの。家庭でのシミ抜きは難しいので、専門家に任せたほうがよい。ただし泥はねは、水分を乾燥させて土に戻してから、指ではじくとだいたいは取れる。

油溶性のシミ

マヨネーズやバターなど油脂を含んだ食品や口紅、ファンデーションなどの化粧品。ベンジンで落とすことができる。ボールペンなどの筆記用具は、油性の中でも特に頑固なので、シミ抜き剤がおすすめ。

シミがついた場合の応急処置

外出先でシミがついた場合の応急処置の仕方を紹介します。

1. あて布をする

シミの下にティッシュやハンカチなどをあて、固形物などがついている場合はティッシュでつまみ取る。決してこすり取ったりしないこと。

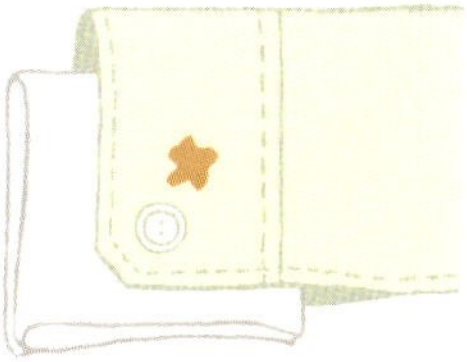

2. 色素を吸い取る

水溶性のシミは乾いたティッシュで上からトントンとたたき、あて布に水分と色素を吸い取らせる。おしぼりやハンカチでこすらないこと。

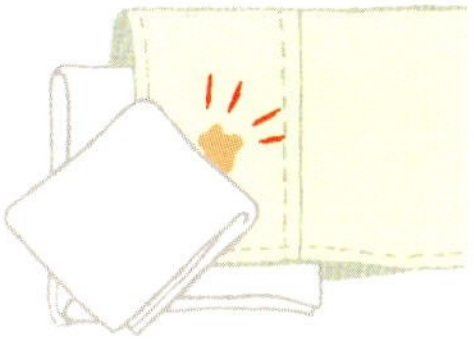

3. そのまま置いておく

無理やりこすって取るとシミが広がるので、取れなくてもそのままにして、帰宅してからシミ抜きを。

Advice

慌ててこするとシミが広がるので注意！

シミがついたら、慌ててティッシュやおしぼりなどでこすりがちですが、シミの色が広がって取りづらくなります。ティッシュでつまむか吸い取り、シミの範囲を広げないように気をつけましょう。

シミ抜き便利アイテム

おすすめのドイツ生まれのシミ抜き専門グッズを紹介します。

1. ステインデビルズ

カレーやトマトソース、油、ボールペン、ワインなどの諦めていたシミには、シミの原因別のシミ抜き剤が有効。（ドクターベックマン　ステインデビルズ　6種類／イーオクト）

［ 使い方 ］

1. あて布をしてシミにたっぷりと「ステインデビルズ」をかけ、そのまま3〜10分置く。頑固なシミは時間を置くのが大切。

2. 水で湿らせた布でトントンとたたいて、あて布にシミを移す。1回で落ちなければ、1、2を繰り返す。

2. プレウォッシュ

ヨーロッパで昔から油汚れに使われていた雄牛の胆汁成分と、たんぱく質汚れを分解するプロテアーゼを配合。襟《えり》、袖の汚れがきれいに。（ドクターベックマン　プレウォッシュ　襟、袖用／イーオクト）

［ 使い方 ］

汚れに水とプレウォッシュを直接塗って15分置き、そのまま通常の洗濯を。

Point!

酵素が働きやすい30〜60℃のお湯を使うとより効果的。

09 ワイシャツを長持ちさせる洗い方

ワイシャツは一般的に綿、または綿とポリエステルの混紡が多いので、洗濯機で洗うことができます。台襟《だいえり》、カフス、前立てが傷まないように気をつけましょう。

1. 前処理をする

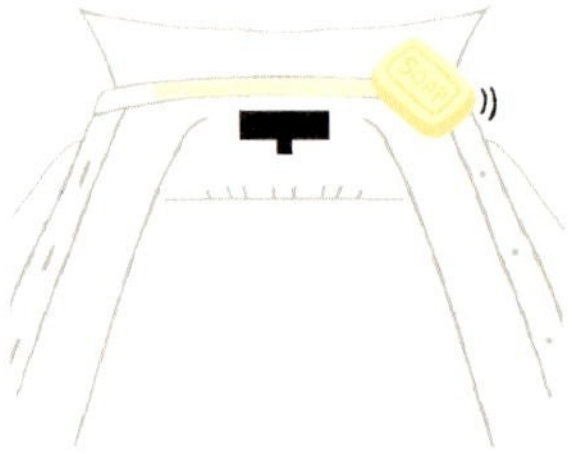

肌と触れる襟、袖口部分は皮脂汚れがつくので、濡らした石けんを直接つけて5分程置き、歯ブラシでこする。

2. 洗濯ネットに入れる

襟先やカフスが傷まないように、適当にボタンを閉めてたたみ、洗濯ネットに入れる。

3. コースを選んで洗う

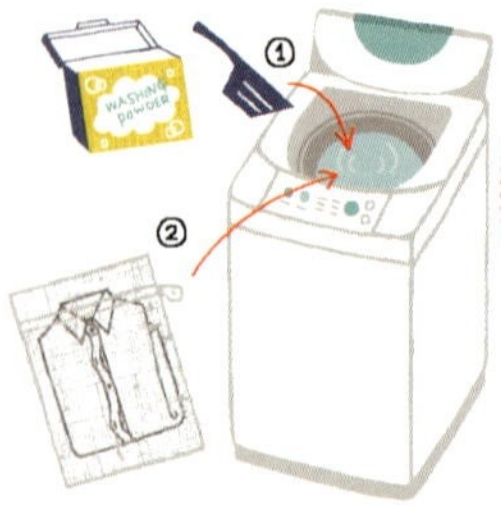

Point!
粉洗剤を使うときは、最初に水を溜め、洗剤を入れて溶かしてから（①）シャツを入れる（②）と、粉が残らずきれいに洗える。

洗濯機の標準水流で洗う。汚れが気になるときは、40℃以下のぬるま湯で洗濯するとよい。

4. 形を整えて干す

たたんだ状態で手でたたいて小じわを伸ばし、肩を持ち広げて振り、さらにしわを伸ばして日陰で干す。

10 Tシャツ、ポロシャツを長持ちさせる洗い方

shirt

**カジュアルなアイテムは
それほど気をつかわなくても大丈夫ですが、
ポイントを押さえて経年の汚れが
シミにならないように注意しましょう。
干し方にも気を配ります。**

1. 前処理をする

Point!
汚れがひどい場合は、歯ブラシでこするとよい。

首まわりに皮脂汚れが、わきに汗ジミがつきやすいので、濡らした石けんを直接つけて５分程置く。

2. 洗濯機のコースを選ぶ

※①
②

頻繁に洗うこともあり毛羽立ちやすいため、弱水流（ドライ・手洗いコース）で洗う。

※数字は、洗濯機に水を溜めてから入れる順番を示す。

3. ハンガーは裾《すそ》から入れる

Point!
色あせが気になるものは裏返して、日陰に干す。

首まわりが型くずれしないように、ハンガーは裾から入れる。二つ折りにして物干し竿にかけてもよい。

ワンポイントアドバイス

Tシャツ・ポロシャツでも大切なものは平干しを

カジュアルアイテムのTシャツはお手入れも雑になりがちですが、お気に入りが傷んだら悲しいもの。Tシャツは編み物なので、伸びやすく型くずれしやすいため、大切なものは平干しするのが長持ちのコツです。

column

取り扱い絵表示の見方

衣料品には「取り扱い絵表示」や繊維の組成表示を書いたラベルがついています。洗濯やお手入れの指針になるので、購入時から、ぜひ参考にして、読み取っていきましょう。

お手入れの情報が詰まった「取り扱い絵表示」

衣類の裏やストールの端などにラベルがついています。そこに表示されているマークを「取り扱い絵表示」といい、洗い方や干し方など、その衣類に合ったお手入れ方法を示しています。洗濯機で洗えるか、手洗いできるか、使える洗剤は限定されるのかなどを、この「取り扱い絵表示」から読み取ることができます。この表示を守ってお手入れをすれば、大切な衣類を長持ちさせることができます。表示マークは日本ではJIS（日本工業規格）で統一されているので、購入前やお手入れの際に必ず確認しておきましょう。

アイテムによっては、記載していない内容表示もあります。その場合、アイテムの特性や「綿60％ポリエステル40％」といった繊維の割合を示す「組成表示」を参考に、繊維の種類から取り扱いを判断するとよいでしょう。

メーカーのクレーム予防のために、家庭でのお手入れの方法は制限される傾向にあります。「取り扱い絵表示」で推奨されていなくても洗濯機で洗えるものもあります。自己責任となりますが、挑戦してみてもよいでしょう。

取り扱い絵表示の見方

ここでは「取り扱い絵表示」の読み解き方について紹介します。ポイントを押さえて、かしこく洗濯しましょう。

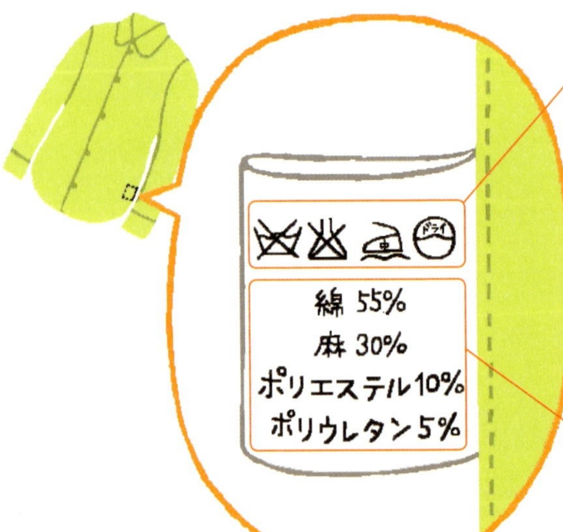

取り扱い絵表示

衣類などへの縫いつけが義務づけられており、たいていは衣類のわきについている。表示の中でも特に注意したいのは、そのお手入れはしてはいけないということを表す「×」のマーク。たとえば左図のように水洗いのマークに「×」がつき、ドライクリーニングのマークがあるものは、水洗い不可でドライクリーニングのみ可、という意味で、クリーニング店に持っていくのが通常なのだが、実際には家庭で水洗いできるものもある。自己判断と責任で洗ってみるのもよい。実際の絵表示の詳しい見方については左のページを参照。

組成表示

繊維の種類や割合を示す「組成表示」も同時に記載されていることがある。絵表示だけではお手入れ法が判断しにくいときなどに参考にするとよい。

おもな取り扱い絵表示の見方

どのマークも簡単な絵と文字で示されているので、コツをつかめば
すぐに解読できます。以下によく見かけるものを紹介します。

【洗い方】

水洗いができない。

30℃までの液温で手洗いできる。洗濯機は使えない。

洗濯機で、40℃までの液温でネットを使い洗濯できる。

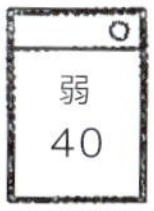

液温は40℃までで、洗濯機の弱水流もしくは弱い手洗いがよい。

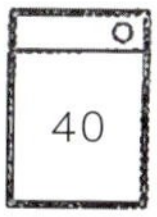

洗濯機で、40℃までの液温で洗濯できる。

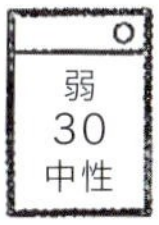

30℃までの液温で、中性洗剤を使用し、洗濯機の弱水流もしくは弱い手洗いができる。

【ドライクリーニング】

ドライクリーニングはできない。

ドライクリーニングができる。溶剤は石油系を使用する。

ドライクリーニングができる。溶剤はパークロロエチレンまたは石油系を使用する。

【干し方】

日陰の平干しがよい。

平干しがよい。

日陰の吊り干しがよい。

吊り干しがよい。

【アイロン】

アイロンはあて布を使用し、210℃を限度として高温（180～210℃）でかけるのがよい。

アイロンがけはできない。

アイロンは120℃を限度とし、低温（80～120℃）でかけるのがよい。

アイロンは160℃を限度とし、中温（140～160℃）でかけるのがよい。

アイロンは210℃を限度とし、高温（180～210℃）でかけるのがよい。

【漂白】

塩素系漂白剤による漂白はできない。

塩素系漂白剤による漂白ができる。

【絞り方】

絞ってはいけない。

手で絞る場合は弱く、遠心脱水の場合は短時間で行うのがよい。

11 セーターの伸び縮みを防ぐ洗い方

一度縮んだニットが伸びることは
科学的にはなく、伸びたニットがもと通りに
縮むこともありません。
ていねいに着用し、取り扱い絵表示（P.22）に沿って
洗濯することが大切です。
レーヨンやアセテートといった素材も
縮みやすいので、特に表示に気をつけましょう。

1. 押し洗いする

Point!
ついつい40℃前後で洗いがちなので、温度計がない場合は水で洗うほうが失敗がない。

約30℃のぬるま湯に洗濯用中性洗剤とたたんだセーターを入れ、10回程ゆっくり押し洗い（P.27）する。

2. すすいで脱水する

Point!
雑巾のようにギュッと絞ったり、力を入れすぎないように注意！

新しい水に取りかえ、押し洗いするように2回程すすぐ。すすぎ終わったら、手前から丸めて軽く押し絞る。

3. 平干しする

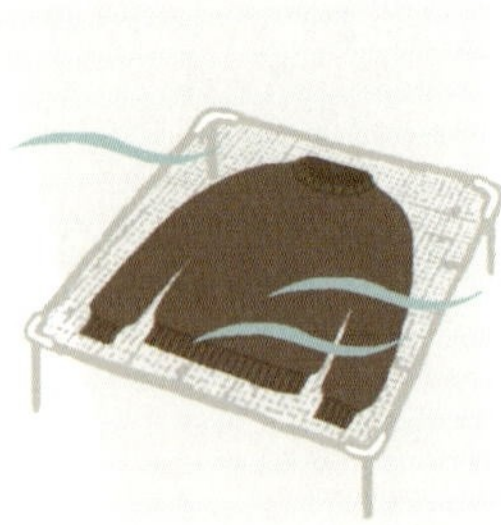

デリケートなニットはバスタオルで挟んでたたみ、上から軽く押して水分を取り除き、日陰で平干しする。

ワンポイントアドバイス

洗濯機で洗う場合は必ずたたんで洗濯ネットへ

洗濯機で洗う場合は、必ずたたんで洗濯ネットに入れる。弱水流（ドライ・手洗いコース）を選べばOK。脱水をかけすぎるとしわになるので、30秒程度に設定する。

※数字は、洗濯機に水を溜めてから入れる順番を示す。

12 ビーズやパールなど装飾品がついたニットの洗い方

ornament

ビーズやラインストーン、
スパンコール、パール……。
装飾品が縫いつけられたニットは、
ほかの衣類に引っかかるなどの
影響を与えることもあるので
洗い方に注意しましょう。

1. 裏返して洗濯ネットに入れる

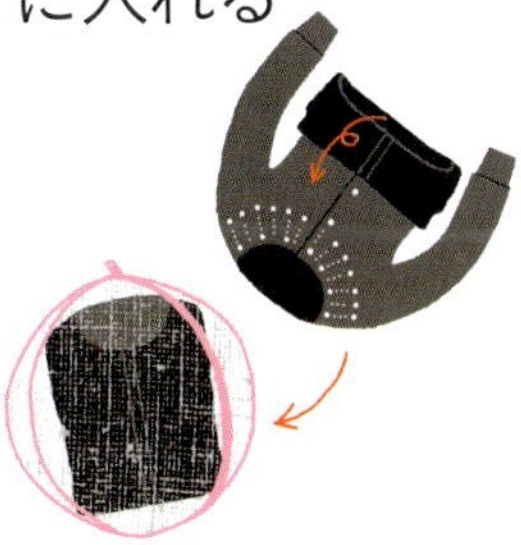

ビーズなどの装飾がほかの衣類に触れないように、裏返してたたみ、洗濯ネットに入れる。

2. 押し洗いする

Point!
洗濯機で洗う場合は、洗濯ネットに入れて弱水流（ドライ・手洗いコース）で洗う。脱水は30秒までに。

約30℃のぬるま湯に洗濯用中性洗剤を入れ、洗濯ネットに入れたまま10回程ゆっくり押し洗い（P.27）する。

3. すすいで脱水する

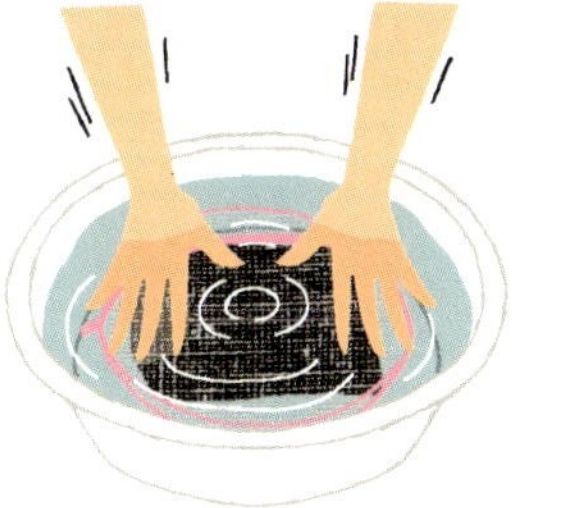

新しい水に取りかえ、押し洗いするように2回程すすぐ。厚めにたたみ、上から押して脱水する。

4. 平干しする

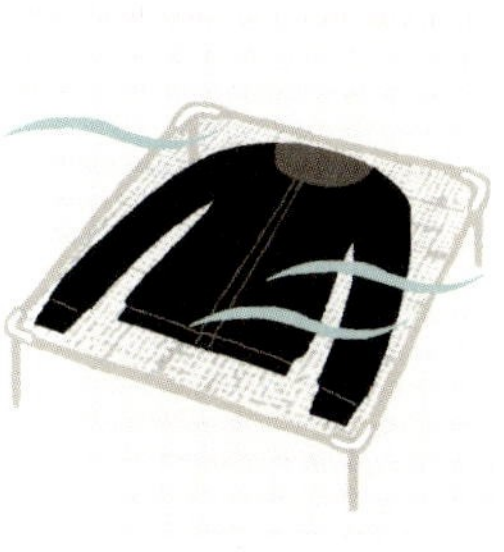

洗濯ネットから取り出してバスタオルで挟み、上から押してさらに脱水する。その後、日陰で平干しする。

column

洗濯方法の選び方

衣類を長持ちさせるには、素材やデザインに応じた洗濯方法を選ぶことが大切です。洗濯機と手洗い、それぞれの特徴を理解して、家庭で上手に洗濯できるようになりましょう。

洗濯機で洗えるものと洗えないもの

衣類は汚れていないように見えても一度着用すると、皮脂、汗などの体の汚れや、ほこりなどの外的汚れがつきます。そのまま放っておくと、黄ばみや悪臭が発生したり、シミとなったりします。「生地が傷むから洗濯しない」という人もいるかもしれませんが、汚れたままにしていると雑菌が繁殖して生地が傷むということもあります。「家庭で洗えない（⊠）」という取り扱い絵表示（P.23）がついていても、実際は素材の組み合わせとデザインなどがわかれば洗えるものもあるのです。

洗わないほうがよいものとして、色落ちする柄もの、アイロン仕上げができないもの、しわやプリーツ、起毛など特別な加工がほどこされているもの、革、毛皮、着物、絹素材などがあります。一方、自己判断にはなりますが、ウール、ポリウレタン、レーヨン、アクリルなどはドライ・手洗いコースの洗濯機で洗ってもよいでしょう。装飾があるもの、型くずれが心配なものは手洗いをおすすめします。

洗濯機洗いのコツ

コースを正しく理解して、洗濯機をもっと活用しましょう。

[ドライ・手洗いコース]

洗濯機により「ドライコース」または「手洗いコース」など名称が異なる。弱水流、軽めの脱水で衣類を傷めないように洗う。ちなみにドライクリーニングは水以外の溶剤で洗うことで、洗濯機の「ドライコース」とは別物。

[標準コース]

洗濯機により「標準コース」または「全自動コース」など名称が異なる。汚れが気になる通常のお手入れの際に選ぶ。

【ドライ・手洗いコースで洗えるもの】

- ニット、ブラウスなど、繊細な素材を使った衣類
- 大切なTシャツ　　など

※ただし、仕上がりが気になる場合は裏返して洗濯ネットに入れて洗う。

【ドライ・手洗いコースはNGなもの】

- 絹、レーヨンなど水に弱い素材のもの
- 装飾がほどこされているもの　　など

※ただし、自己判断で覚悟して洗ってもよい。

【標準コースで洗えるもの】

- Tシャツ、シャツ、デニムなど、日常的に着用する衣類
- タオル、ハンカチ　　など

【標準コースはNGなもの】

- 絹、レーヨンなど水に弱い素材のもの
- 仕上がりが気になる衣類
- 装飾がほどこされているもの　　など

手洗いのコツ

素材やデザインなどにより洗い方が違うのでコツを押さえておきましょう。

装飾がほどこされていたり、型くずれが心配なものは手洗いがおすすめ。汚れが少なければ水がよいが、冬場はお湯を足してもOK。すすぎや脱水は短時間で行うこと。

おもな手洗いの方法

押し洗い

洗濯おけに水と洗剤を入れ、両手のひらを広げて洗濯物を押して洗う。ウールや麻など。

振り洗い

たっぷりの洗剤液の中で前後左右に振って洗う。絹や薄手の衣類など。

もみ洗い

手をこすり合わせるように軽くもみ、摩擦により繊維の汚れを出す。綿などの丈夫な衣類や汚れがひどい靴下など。

つまみ洗い

部分的な汚れに。直接洗剤をつけ、両手で軽くつまんで洗う。ニットや薄綿、レースといったデリケートな衣類など。

洗剤と補助剤の選び方

洗剤には、弱アルカリ性、中性、弱酸性があります。軽い汚れには中性、かなり汚れていたら弱アルカリ性など、汚れや状況に応じて使い分けましょう。
補助剤には、漂白、仕上げ、増白剤などがあり、目的に合わせて選びます。

合成洗剤

（アタック高活性バイオEX／花王）

（ボールド香りのおしゃれ着洗剤／P&G）

弱アルカリ性

一般的な洗濯用洗剤。皮脂や泥汚れへの洗浄力が強い。含まれる界面活性剤とアルカリ剤の割合が高い程、洗浄力と脱脂力も強くなる。

中性

弱アルカリ性洗剤より洗浄力や脱脂力はおだやかだが素材を傷める心配が少ないため、ウールや絹などデリケートな衣類の洗濯にも適している。

漂白剤

（酸素系漂白剤／シャボン玉石けん）

（ハイター／花王）

酸素系

塩素系に比べて漂白力はおだやかで、生地への負担は少ない。色柄物や幅広い素材に使える。食べこぼしや血液のシミ、黄ばみに効果的。

塩素系

漂白する力が強く、白地のもの以外には適さない。色柄物やウール、絹、ナイロン、ポリウレタン、アセテートにはNG。

蛍光増白剤（染料）

染料の一種と考えられるもの。太陽光の紫外線を吸収して青色の光を放出する。白いものを輝かせる働きがあり、白以外の衣類には効果がない。通常の弱アルカリ性洗剤に加えられていることが多い。

（ドクターベックマン グローホワイト／イーオクト）

仕上げ剤

（キーピング／花王）

（ふんわりソフラン／ライオン）

糊《のり》剤

生地に適度なハリとコシを出し、衣類の形を整えて型くずれを防ぐ。脱水後に糊剤を入れて3分程洗濯機を回し、軽めに脱水する。綿のYシャツやポロシャツに。

柔軟剤

すすぎの最後に加えることで、静電気を防いだり、衣類をふんわり仕上げる。吸水性がやや悪くなる。タオルやニット、カットソーに。

13 パンツ（デニム、コーデュロイ）の洗い方

デニムは洗わないほうがよいというのは、
傷みやすいヴィンテージのこと。
洗わないと雑菌が繁殖し、汚れで劣化します。
デニムもコーデュロイもおもに綿なので、
繊維はやせていくものです。

コーデュロイ

1. 裏返して洗う

摩擦に弱いので、うねが傷まないように裏返してボタンとジッパーを閉めてから洗う。

※数字は、洗濯機に水を溜めてから入れる順番を示す。

2. ブラッシングしてから干す

Point!
フリース素材のパンツも同様にして洗える。

表に返し、洋服ブラシ（P.38）で上から下に毛並みを整えてから、デニムと同様、直射日光を避け筒状に干す。

デニム

1. 裏返して洗う

Point!
色落ちしないように洗剤は使わず、水だけで洗ってもよい。色移りすることもあるので、新品は特に単独で洗う。

インディゴ染めは染料が上にのっているだけなので、裏返してボタンとジッパーを閉めてから洗う。

※数字は、洗濯機に水を溜めてから入れる順番を示す。

2. 乾きやすいように筒状に干す

Point!
ポケットを出すと型くずれするので、洗うときも干すときも出さないでOK。

手でしわを取り、裏返しのまま風が通るように筒状に干す。直射日光は避けたほうがよい。

column

色落ちの予防

衣類は繊維と染料が化学結合して染色されますが、衣類によっては結合が弱く、色落ちを起こします。
色落ちすると後から落としにくいので予防が大切です。

テクニック1

色落ちしないか確認する

白いタオルに濃いめの洗剤液をつけて、裏側や裾《すそ》など、目立たない部分を軽くたたく。タオルに色がついたら色落ちするので、単品で洗う。

Point!
ポリエステル、ナイロン、アクリル以外の繊維は染色が弱く、特に綿、麻、絹の濃い色の衣類は注意が必要。

テクニック2

白いものは分けて洗う

色が移って目立つのは白い衣類。白いものだけ別で洗うのを習慣づけることで、色移りの確率はグンと減る。

テクニック3

洗ったらすぐに干す

濡れている状態で長時間放置すると、色が流れ落ちて色落ちの原因となることも。洗濯が終わったらすぐに干す。洗濯機に入れっぱなしにしないように注意！

Advice

洗濯時には色移り防止シートが便利！

洗濯前に色分けしたり色落ちチェックをするのが面倒なときに便利なのが、色移り防止シート。シートを洗濯物といっしょに入れて洗濯するだけで、色素や汚れを集めて閉じ込めてくれる。色分けせずに一度に洗えるので節水・節電・時短に。

（ドクターベックマン　カラー＆ダートコレクター［色移り防止シート］／イーオクト）

14 ブラジャーを長持ちさせる洗い方

体から出た汗や皮脂が直接つくブラジャーは、
汚れたままにしておくと
汚れが落ちにくくなり、生地の傷みを早めてしまいます。
繊細な素材と形をくずさないよう、
手洗いがおすすめです。

1. 押し洗いする

型くずれ防止に、ホックは留める。約30℃のぬるま湯に洗濯用中性洗剤を溶かし、押し洗い（P.27）する。

2. ワイヤー部分、肩ひもを洗う

黒ずみやすいワイヤー部分、ホック部分は歯ブラシで、肩ひもは手でこすって洗う。パッドも取り出して洗う。

3. すすいで水けを絞る

洗剤が残っていると黄ばみの原因に。十分にすすいだ後、折りたたんで手に挟み、軽く水けを絞る。

4. 逆さにして陰干しする

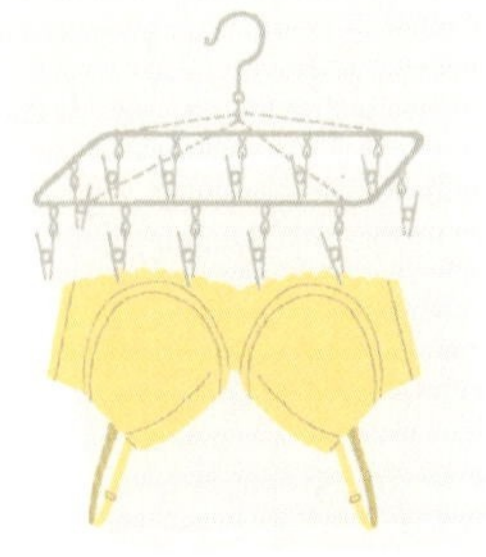

カップを手で伸ばして形を整え、伸びにくいカップの下2か所を洗濯ばさみで挟み、陰干しする。

15 靴下の汚れをきれいに落とす洗い方

**足の裏は気づかないうちに
大量の汗をかいているので、においや皮脂汚れ、
泥がつきやすいもの。
洗濯機で洗っただけでは落ちにくいので、
洗濯板を使って予洗いしましょう。**

1. 洗濯板で予洗いする

Point!
30℃程度のぬるま湯がおすすめ。

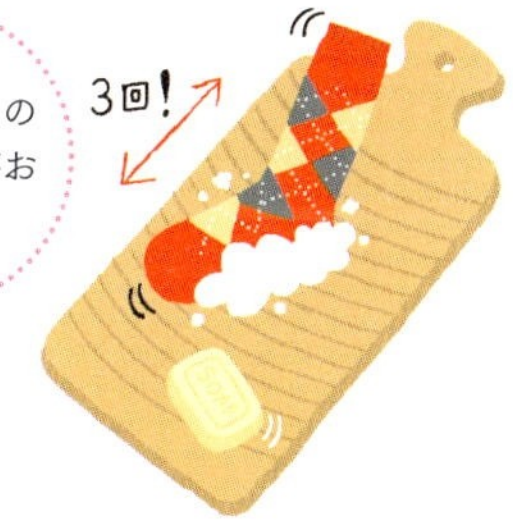

汚れがひどい場合は、靴下を濡らして底に石けんを塗り、洗濯板に底をつけて3回程こする。

2. 洗濯機で洗う

洗濯機で洗う。レースや透かし編みがついたものは洗濯ネットに入れておくと、生地が伸びずに傷みにくい。
※数字は、洗濯機に水を溜めてから入れる順番を示す。

3. 陰干しする

履き口を上にして洗濯ばさみで留める。紫外線で口ゴムが劣化するので陰干しする。

ワンポイントアドバイス

ストッキングや薄手のタイツは洗濯ネットに入れて洗いましょう

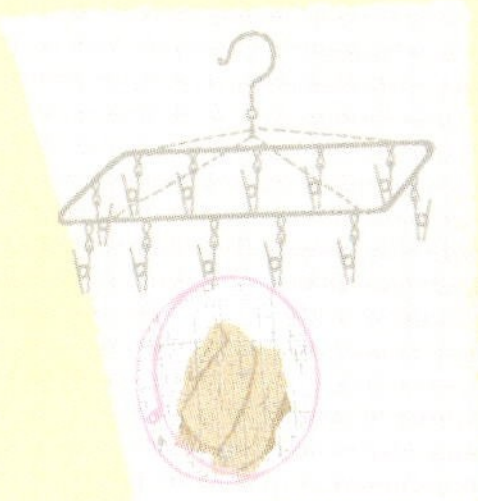

ストッキングや薄手のタイツは繊細なので手洗いがおすすめですが、たたんで洗濯ネットに入れれば洗濯機で洗うこともできます。干すときも洗濯ネットに入れたままでOK。ポリウレタンは熱に弱いので、陰干しがおすすめです。

16 浴衣を長持ちさせるお手入れ

もともと浴衣は気軽なもの。
ほとんどが綿、麻、ポリエステルでできているので
自宅で洗うことができます。
色落ちに注意して手洗いするとよいでしょう。

1. 水で押し洗いする

Point!
洗濯ネットに入れて洗濯機の弱水流（ドライ・手洗いコース）で洗っても。ほかのものといっしょに洗うときは、必ず色落ちチェック（P.29）をすること。

浴衣は縦半分に折り、身ごろをびょうぶだたみ（じゃばら折り）にする。水の中で軽く押し洗い（P.27）する。

2. タオルで水けを絞る

軽く水を切り、たたんだ状態のままバスタオルで挟んで水けを絞る。タオルをはずして日陰で平干しする。

3. たたんで収納する

乾いたらていねいにたたんで収納する。防虫剤を入れるときは、浴衣の上に置く。

ワンポイントアドバイス

帯は使い終わったら
汚れとしわを取ってしまう

汚れは乾いた布にベンジンを少量含ませて拭き取ります。結び目がしわになったら、霧吹きで水をかけて手で伸ばしてから、あて布をして中温でアイロンをかけます。

17 ダウンジャケットを長持ちさせるお手入れ

中にダウン（羽毛）を詰めたダウンジャケットは「洗える」といわれることもありますが、ダウンがかたよったり、乾燥が不完全だと虫が発生するため、基本的に丸洗いはおすすめできません。

1. 水拭きする

洗濯用中性洗剤液※で絞った布で、首まわり、袖口、ポケット口、ひじを中心に拭く。

※洗剤原液を水で薄めたもの。

2. 陰干しする

水で絞った布で洗剤を取るように清め拭きし、ハンガーにかけて一昼夜陰干しする。

3. つぶさないように収納する

ハンガーにかけてジッパーやボタンを閉じ、ダウンをつぶさないように収納スペースを確保して収納する。

ワンポイントアドバイス
普段のお手入れは振るだけで大丈夫！

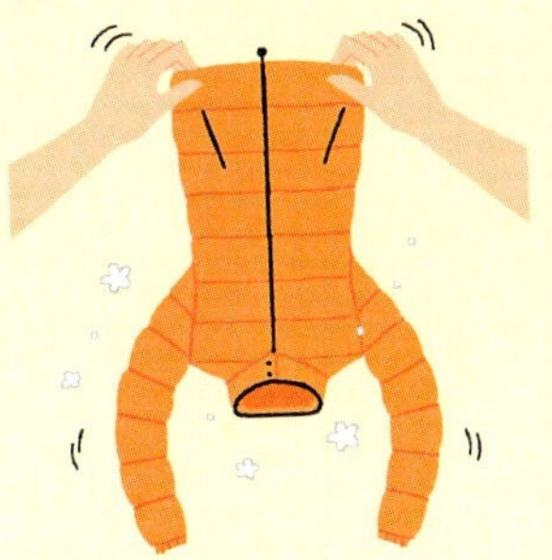

目立つ汚れがない限り、普段は両手で裾《すそ》を持って逆さにし、上下に振るだけでOKです。内側のほこりと同時に、縫い目に入ったほこりも取れ、中のダウンも整います。

18 スムースレザージャケットを長持ちさせるお手入れ

革製品は水洗いが難しいため、
日ごろのお手入れが大切。
シーズン中は週に１度、から拭きすると
汚れが落ち、つやも出てきます。
シーズン後、収納する前には、
風通しのよい日陰に吊るすようにしましょう。

1. から拭きする

Point!
皮革用クリーナーを使うときは、ほんの少し、小指の先程度の量でOK。

通常は布でから拭きすればよい。目立つ汚れは、乾いた布に皮革用クリーナー（P.76）をつけ、拭き取る。

2. クリームで磨き込む

皮革用クリーム（P.76）を薄く塗り、布やマイクロファイバークロス（P.138）などで磨き込み、つやを出す。

3. 収納する

Point!
型くずれしないよう、ハンガーは厚みのあるものがよい。

厚手のハンガーにかけて収納する。湿気に弱くカビが生えやすいので、ときどき扉を開けておく。

ワンポイントアドバイス

レザーが硬くなったらどうしたらよい？

しばらく着用しないと油脂分が変化してつやがなくなったり、レザーが硬くなって破れやすくなります。ときどき皮革用クリーム（P.76）で油脂分を補給するようにしましょう。繰り返し手でもみ込むと、次第にやわらかくなります。

19 ブラッシュドレザージャケットを長持ちさせるお手入れ

牛や羊の革の裏側や、表側の太い繊維を
起毛させた毛羽のある革が、ヌバックやスエードで、
総称してブラッシュドレザーといいます。
ブラッシュドレザーは
とてもデリケートなので扱いに注意しましょう。

1. ブラッシングする

ほこりを払うように、洋服ブラシ(P.38)で上から下にていねいにブラッシングする。

2. 黒ずみがあれば削る

黒ずみはもとには戻らないので、食器洗い用スポンジ（P.76）の不織布部分で軽くこすり、汚れを削り取る。

3. 収納する

厚手のハンガーにかけて収納する。
湿気に弱くカビが生えやすいので、
ときどき扉を開けておく。

ワンポイントアドバイス

水分はブラッシュドレザーの大敵！ すぐに拭き取りましょう

ブラッシュドレザーは濡れるとシミになったり、油脂がなくなり硬くなってしまいます。雨に濡れたり水をこぼしたら、できるだけ早く乾いた布で水分を拭き取り、風通しのよい場所で陰干しします。

20 ボタンが取れたときのつけ方

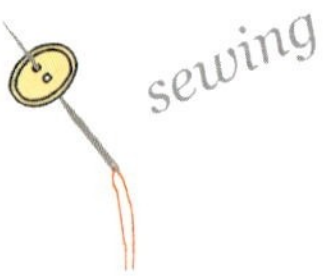

ボタンはかけたりはずしたりしているうちに、
糸が緩んだり、切れて取れてしまいます。
針と糸があれば、自分ですぐにつけられるので、
できない人はマスターしましょう。

1. ボタンをつける位置を決める

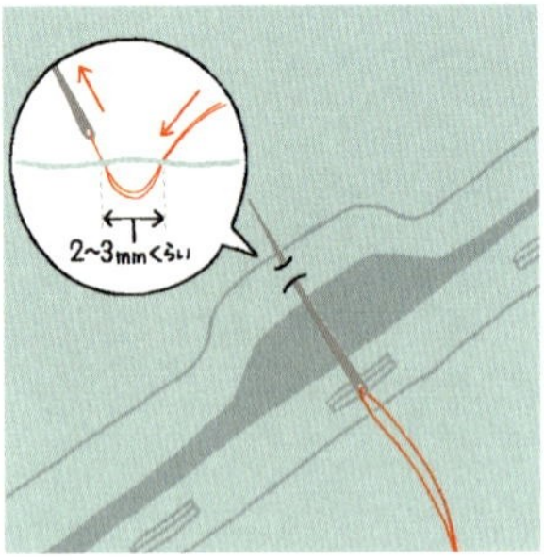

糸は２本取りにして玉結びをつくり、ボタンをつける位置を決めたら、布地を表から２～３㎜程度すくう。

2. ボタンをかけて縫う

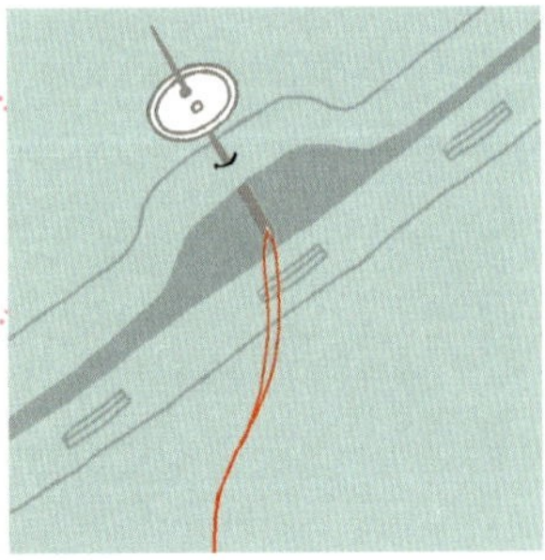

Point!
後でボタンをかけやすいように、ボタンと布の間（糸足）に緩みを持たせておく。

４つ穴の場合は、ほかの２つ穴も同様に縫う。

ボタンの穴に針を通したら、もう一方の穴に通して布に縫いつける。これを３～４回繰り返す。

3. 糸足に糸を巻きつける

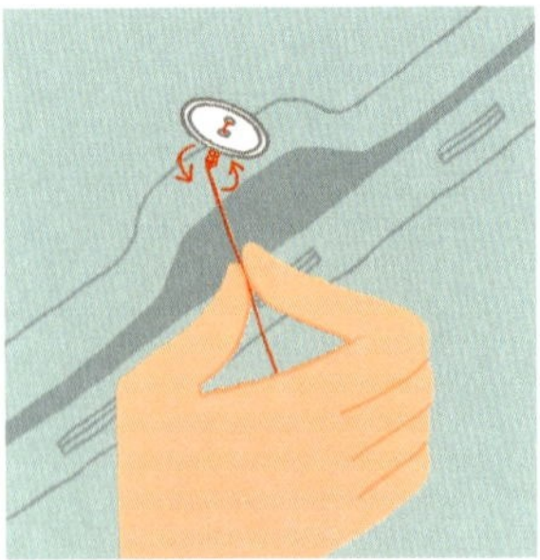

糸足に、糸を３～４回程巻きつける。厚い生地の場合はさらに多く巻きつけるとよい。

4. 玉留めする

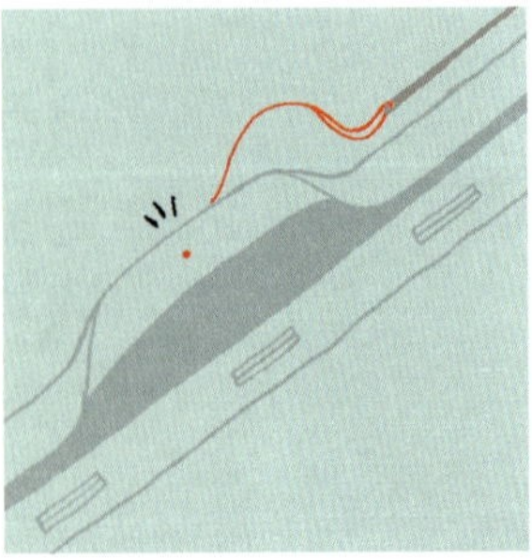

糸足に針をくぐらせて、布の裏側に通し、玉留めする。表側に糸を出して切る。

21

裾がほつれたときの直し方

踏みつけたり、引っ掛けたりして
ほつれてくるスカートやパンツの裾《すそ》。
落ちてくる前に、まつり縫いや千鳥がけで
かがりましょう。ここでは、鳥の足跡のように
仕上げる「千鳥がけ」を紹介します。

1. 裾の裏から糸を通す

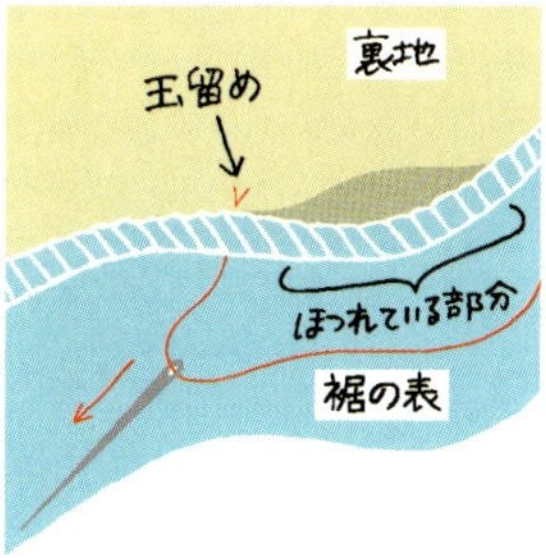

針に1本取りで糸を通して玉結びをし、ほつれたところのやや手前の、折り返した裾の裏側から針を通す。

2. 右上の裏地をすくう

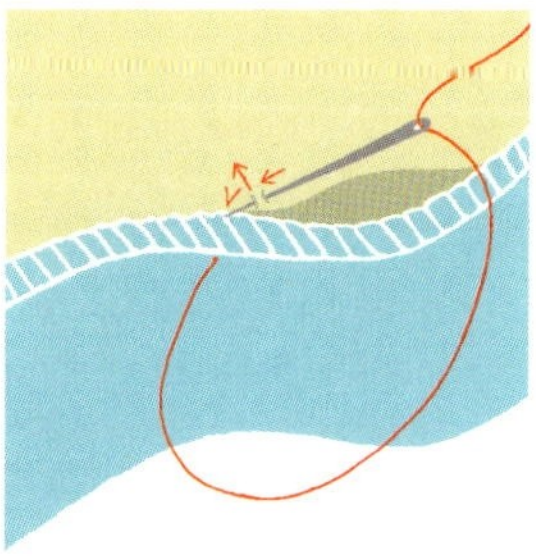

やや右側の裏地を、図のように針が一周するような形で、外側から少しだけすくって針を通す。

3. 裾の右下をすくう

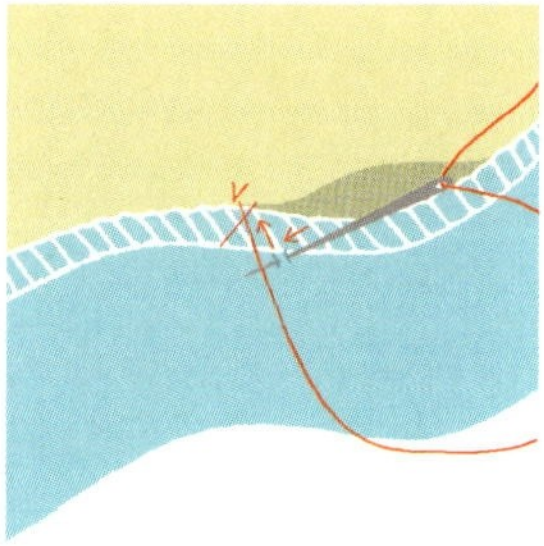

折り返した裾の右下を少し表からすくって縫う。縫い目がクロスする。2と3を繰り返していく。

4. 少し先まで縫う

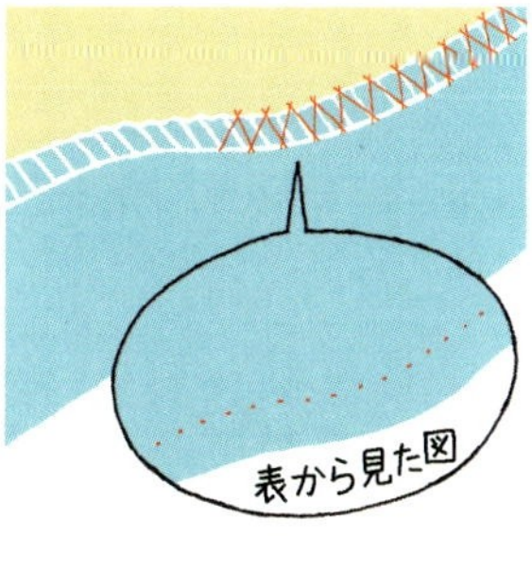

ほつれた部分の少し先まで縫い、玉留めして糸を切る。千鳥の足跡のような縫い目になる。

おすすめの洋服ケア アイテム

生地を傷めずにほこりや毛玉をとり、繊維をふっくらと整えてくれるブラシやくしは、衣類のお手入れの必需品。用途に合わせて選びましょう。

ほこりをとるときに

洋服ブラシ

少し硬めの黒豚毛が、生地に入り込んだほこりをかき出し、繊維を立ち上がらせてふっくらと整える。衣類のほか、布製の帽子やマフラーなど、小物にも。アイテムのサイズに合わせて使い分けられるよう、大小で2種類程持っておくのがおすすめ。本書ではP. 8、P.10、P.50などで使用。

※写真はイリス製。著者私物。

※写真は江戸屋製。著者私物。

毛玉をとるときに

毛玉とりブラシ

セーターなど、ニット類の毛玉とり専用のブラシ。中央の極細ブロンズワイヤーが毛玉を絡めとり、外側の豚毛が繊維を整える。小さめのものを選ぶと使いやすい。食器洗い用スポンジ（P.76）の不織布部分を使ってもOK。本書ではP.16などで使用。

※写真はREDECKER製。著者私物。

ファーの毛並みを整えるときに

くし

ファーのお手入れの仕上げとして毛並みを整えるときは、目の粗いくしを使うとよい。毛の絡まりが取れ、もとのふんわりとした状態に戻る。本書ではP.12などで使用。

※著者私物。

chapter 2

靴・服飾品のお手入れ

履きっぱなし、脱ぎっぱなしは靴の寿命を縮めるもと。適切なケアと早めのメンテナンスで、長く愛用しましょう。カバンや帽子、アクセサリーなど、毎日のコーディネートに華を添える服飾品のお手入れも紹介します。

22

革靴を長持ちさせるお手入れ

コーディネートの顔でもある靴。
大切に履き込まれた靴は一目置かれます。
履き終えたら、汚れを落として
休ませることが大切です。
雨の日は合皮の靴を履くとよいでしょう。

日常のお手入れ

ブラッシュドレザーの場合
ブラッシングする

Point!
内側はスムースレザーと同様に水拭きする。外側のブラッシュドレザーに水がつかないよう注意。

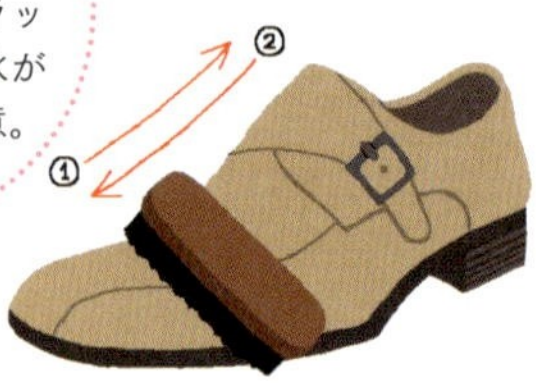

靴ブラシ（P.76）で、表面の毛を起こすようにブラッシングしてほこりを取り（①）、逆方向に毛を寝かせる（②）。

合成皮革（合皮）の場合
水拭きする

Point!
スムースレザーと同様にして、内側も水拭きする。

から拭きするか、靴ブラシ（P.76）でブラッシングして全体の汚れを取った後、水で固く絞った布で拭く。

スムースレザーの場合
1. から拭きする

Point!
薄く皮革用クリーム（P.76）を塗り込んでおくと長持ちする。

縫い目やしわ、ヒールやソールの汚れもしっかり落とす。

靴の外側を乾いた布で拭くか、靴ブラシ（P.76）でブラッシングして、汚れを落とす。

2. 内側を水拭きする

Point!
内側についた足裏からの汗は、においの原因になる。夏場や長時間履いた日は特に気をつけて。

内側は布で水拭きするか、食器用中性洗剤液※を布に含ませて拭いてから、清め拭きする。

※洗剤原液を水で薄めたもの。

雨に濡れたとき

ブラッシュドレザーの場合

1. 拭いて乾かす

Point!
革の中まで乾くのに３日程度かかる。スムースレザーと同様に、ドライヤーはNG。

乾いた布で素早く水分を拭き取る。新聞紙を丸めて中に詰め、風通しのよい場所で陰干しする。

2. ブラッシングする

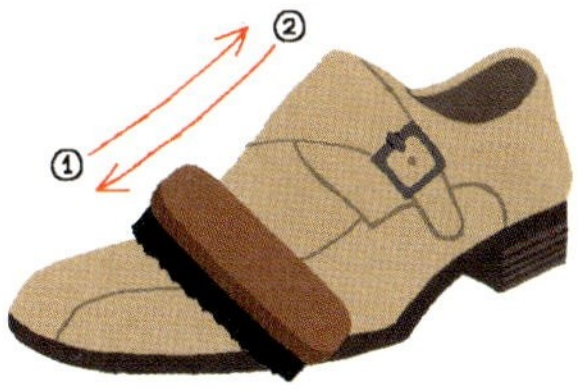

Point!
食器洗い用スポンジ（P.76）の不織布部分で軽くこすってもOK。

靴ブラシ（P.76）で、表面の毛を起こすようにブラッシングしてほこりを取り（①）、逆方向に毛を寝かせる（②）。

ワンポイントアドバイス

靴を長持ちさせる一番の秘訣《ひけつ》は休ませること！

毎日同じ靴を履くのは劣化を早めて寿命を縮めることになります。お気に入りの靴でも我慢して１〜２日休ませ、１週間に２〜３足を交替で履くようにしましょう。

スムースレザーの場合

1. 拭いて乾かす

Point!
革の中まで乾くのに３日程度かかる。ドライヤーは革が硬くなるので使わないこと。

乾いた布で素早く水分を拭き取る。新聞紙を丸めて中に詰め、風通しのよい場所で陰干しする。

2. 汚れを落とす

Point!
力を入れないよう、優しく拭く。

しっかり乾いたら、乾いた布に皮革用クリーナー（P.76）を少量ずつつけて汚れを落とす。

3. クリームで磨き込む

Point!
仕上げに革用の撥《はっ》水《すい》スプレー（P.76）をかけると効果的。革の縫い目にもしっかりとかけておく。

布に少量の皮革用クリーム（P.76）を取って全体に薄く塗り込み、から拭きしてつやを出す。

23 パンプスを長持ちさせるお手入れ

**パンプスの素材のなかでもお手入れで迷うのが
エナメル、ブラッシュドレザー、布。
特にエナメルは、スムースレザーの表面に
エナメル樹脂やポリウレタン樹脂など、
合成樹脂を塗装して光沢を出したもので
水には強いものの乾燥や光に弱く、
長期間履かないとひび割れすることもあります。**

ブラッシュドレザー・布素材

ブラッシングする

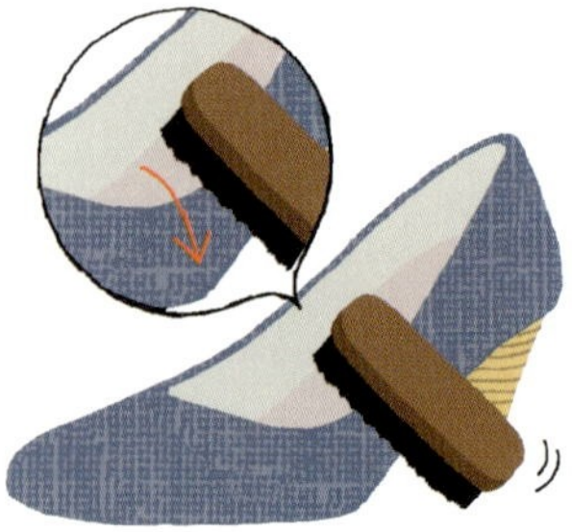

靴ブラシ（P.76）で一定方向にブラッシングして汚れを落とす。月に1回程度撥水スプレーをするのも◎。

エナメル素材

1. から拭きする

Point!
汚れが取れない場合は水拭きを。ブラッシングは表面が傷むので避ける。

乾いた布で表面についたほこりや汚れを落とす。別素材のソールやヒールは水拭きしてもOK。

2. 内側を水拭きする

Point!
撥水《はっすい》スプレー（P.76）はエナメルを変化させるので避ける。

足裏からの汗で、中敷きにシミができやすいため、着用後は水で固く絞った布で拭く。

ワンポイントアドバイス

中敷きのお手入れ

足裏は意外と汗をかきやすいところです。そのため靴の内側には湿気が多くなり、足が蒸れます。一度しみ込んだ汚れは落ちにくいので、こまめに食器用中性洗剤液※を含ませた布で汚れを落とし、清め拭きした後で陰干しします。

※洗剤原液を水で薄めたもの。

24 汚れた布製スニーカーの洗い方

履きつぶしたスニーカーもカッコいいけれど、
清潔感は保ちたいもの。
時間が経《た》つと、汚れが落ちにくくなります。
1か月に1度は汚れをチェックして、
早めに洗いましょう。

1. 洗剤液に浸ける

ひもをはずし、食器用中性洗剤を溶かしたぬるま湯に、ひもとスニーカーを20分程度浸けておく。

2. 靴用洗濯ブラシでこする

Point! 細かい部分は歯ブラシを使って。

靴用洗濯ブラシに1の洗剤液をつけ、ひもとスニーカーの内側をごしごしこする。外側は優しく洗う。

3. 陰干しする

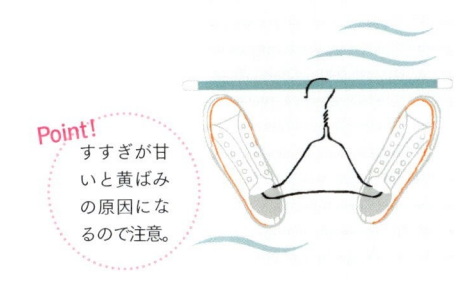

Point! すすぎが甘いと黄ばみの原因になるので注意。

水をかえてよくすすぎ、針金ハンガーの両端を上に曲げてスニーカーを挿《さ》し入れ、日陰で干し上げる。

ワンポイントアドバイス

人工皮革のスニーカーやレザースニーカーのお手入れは？

人工皮革のスニーカーは比較的水に強いので、汚れたらそのつど水拭きを。かなり汚れたら布のスニーカーと同様に丸洗いしてもよいのですが、洗うたびに表面が硬く劣化するので洗う回数には気をつけます。レザースニーカーは革靴のお手入れ(P.40)を参照してください。

25 レインブーツを長持ちさせるお手入れ

**ゴム製のレインブーツはお手入れしないと、
ひび割れ、黄ばみ、においなどの
トラブルが起きます。
水に強いので丸洗いできますが、
ブラシでごしごし洗うと劣化するので注意しましょう。**

1. 丸洗いする

食器用中性洗剤液※に浸け、食器洗い用スポンジ（P.76）で外側を洗う。内側は強めにごしごし洗ってもOK。

※洗剤原液を水で薄めたもの。

2. 陰干しする

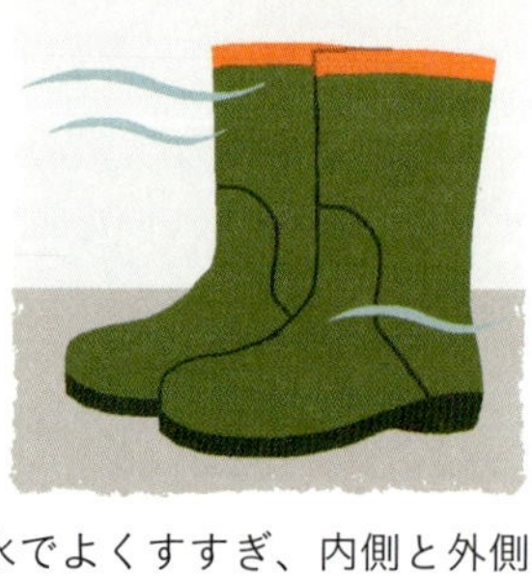

Point!
直射日光で乾かすとゴムが劣化するので注意！ブーツハンガーを使ってもOK。

水でよくすすぎ、内側と外側の水分を、タオルで軽く拭き取った後、風通しのよい日陰で乾かす。

3. 逆さにして干す

Point!
蒸れやすいので、履くときには夏用の中敷きを活用するのも◎。

内側が乾きづらいので、壁などにレインブーツを逆さにして立てかけて干す。少し斜めにするとよい。

ワンポイントアドバイス

ゴム製品は直射日光に弱い！

レインブーツなどのゴム製品は直射日光にあたると、紫外線や乾燥で白くなったり硬化したりします。高価なレインブーツの場合は、劣化予防に専用のワックスを塗っておくのもおすすめです。

26 靴のにおいを消す、予防するお手入れ

足から1日でコップ1杯分の湿気が出るといわれます。
靴の中が蒸れると
カビや雑菌が繁殖しやすくなります。
靴の内側を清潔に保ち、
においのもとになる雑菌を防ぎましょう。

1. 水拭きする

水を固く絞った布で、汗や皮脂など、内側についた汚れをしっかりと拭き取る。

2. 風通しのよい場所に収納する

Point!
購入した箱に収納するのは雑菌が繁殖するもと！

靴箱の扉はときどき開け放ち、風を通しておくと、湿気を防ぎ、におい予防になる。→詳しい収納方法はP.67。

ワンポイントアドバイス

しみついたにおいにはコーヒーかすや木炭を

コーヒーは多孔質なので、におい成分が吸着しやすく消臭効果があります。においがついて取れない場合は、コーヒーを抽出した後の残りかすを脱臭剤にしましょう。コーヒーかすをトレーや新聞紙に広げて乾燥させ、お茶パックなどの通気性のよい袋に入れて靴の中に。２～３週間は効果が持続します。木炭にも同様の効果があります。

おすすめ！便利アイテム

植物から抽出した消臭効果のあるバイオDMを配合した、体に優しい除菌・消臭スプレー。酸素イオンが悪臭を分解してくれる。
(HPエアーリフレッシャー／アート・ラボ)

27 革製バッグを長持ちさせるお手入れ

**革製のバッグは使う程に味が出るものです。
普段使いのバッグは
ある程度の汚れや傷がつきますが、
特別な日のためのバッグは
ていねいなお手入れを心がけましょう。**

1. から拭きする

Point!
手アカがつきやすい持ち手は念入りに。

布でから拭きして汚れを落とす。コーヒーなどの水溶性のシミは、濡らしたタオルでたたいて拭きぼかす。

2. クリームで磨き込む

月に1回、もしくは4～5回の使用に1回、皮革用クリーム（P.76）をやわらかい布につけて磨く。

3. 置いて休ませる

Point!
長期保管する場合は、新聞紙などを詰めて通気性のよい袋に入れ、風通しのよい場所で保管する。

毎日使うと劣化するため、ときどきは置いて休ませる。革が伸びるので、吊るして保管はしないこと。

ワンポイントアドバイス

革バッグについた傷を目立たなくするには？

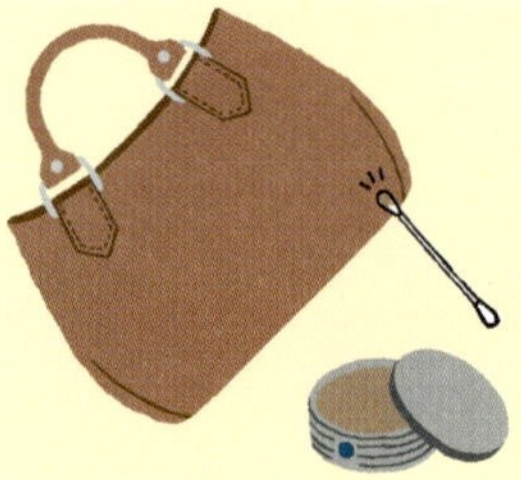

引っかき傷やこすり傷ができたら、バッグと同色の補修クリーム（P.76）を綿棒で少しずつ塗り込みましょう。15分程乾燥させたら、乾いた布で磨き上げます。革がはがれた場合は、皮革用接着剤でつけた後、傷と同様に補修しましょう。

28 かごバッグを長持ちさせるお手入れ

籐や竹、水草など自然素材のかごバッグは、
使ううちに手脂でつやが出て、
飴色に変化するのが魅力です。
革と同じように、湿度に弱いので
雨には気をつけましょう。

日常のお手入れ

1. ブラッシングする

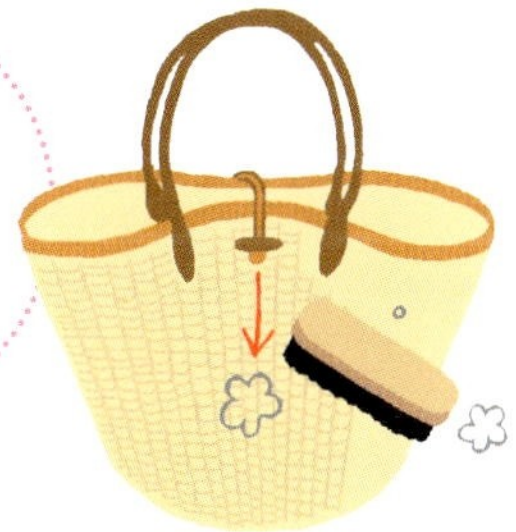

Point!
外出前に撥水《はっすい》スプレー（P.76）をかけると汚れが浸透しにくく、落ちやすくなる。

使用後は洋服ブラシ（P.38）で編み目に沿ってブラッシングし、編み目に溜まったほこりや砂を落とす。

2. 暗所で保管する

直射日光を避け、風通しのよい暗所に保管する。同タイプのものは、重ねておくと型くずれ防止に。

雨に濡れたとき

1. 水けを吸い取る

乾いた布で水分をさっと吸い取る。やわらかい素材の場合、中に新聞紙を詰めて形を整えながら行う。

2. 陰干しする

風通しのよい場所で、陰干しする。生乾きの部分があるとカビの原因になるので、完全に乾かすこと。

29 革財布を長持ちさせるお手入れ

革小物の中でも所有率の高い財布は、
ほぼ毎日使うため汚れやすく
型くずれもしやすいわりに、お手入れを忘れがち。
時間が経《た》つと汚れが革に浸透するので
気づいたら拭き取りましょう。

1. から拭きする

乾いた布で全体をから拭きし、革表面の汚れやほこりをしっかり落とす。中身を取り出し、内側も拭く。

2. クリームで磨き込む

布に皮革用クリーム（P.76）を取り、表面にまんべんなく塗って、磨き込む。3か月に1回程度行うとよい。

3. 中身を整理する

小銭やカード類を詰め込みすぎると、革が型くずれし劣化を早めるため、中身はこまめに整理する。

ワンポイントアドバイス

お尻のポケットにお財布を入れるのはやめましょう

お尻のポケットに財布を入れておくことは型くずれの原因に。きついポケットに無理に入れたり、そのまま座ると財布に圧力がかかります。また、背中や腰の汗は革が傷む原因になるので、お財布はバッグに入れましょう。

30 エナメル財布を長持ちさせるお手入れ

革に樹脂加工をほどこしたエナメル革は、
革小物とお手入れ方法が違い、
専用のクリーナーを使います。
エナメル樹脂が取れて内部がむき出しになった
傷やひび割れは
修復できないので、注意しましょう。

日常のお手入れ

1. から拭きする

乾いた布で全体をていねいにから拭きし、エナメルについた汚れやほこりを落とす。

2. 汚れは水拭きする

取れにくい汚れは、水で固く絞った布で拭いて、その後はよく乾かしてから使う。

傷がついたとき・月に1度

1. 専用クリーナーを塗り込む

Point!
クリーナーが乾燥を防ぎ、ひび割れ予防にもなる。

エナメル専用のクリーナーを乾いた布に少量取り、汚れを拭き取るように塗り込む。

2. から拭きする

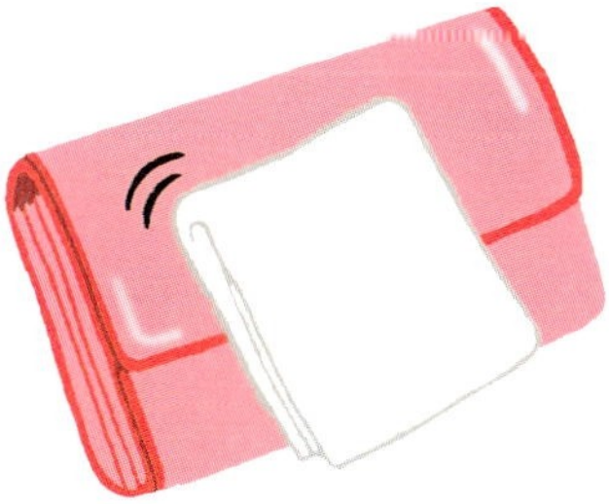

余分なクリーナーを拭き取った後、乾いたきれいな布で磨き込んで、つやを出す。

31 帽子を長持ちさせるお手入れ

**汚れたままかぶり続けると
シミの原因になるので、日常のお手入れで
汚れを溜め込まないことが大切です。
布製やフェルト、ニット帽など、どの帽子も
お手入れ方法は変わりません。**

1. ブラッシングする

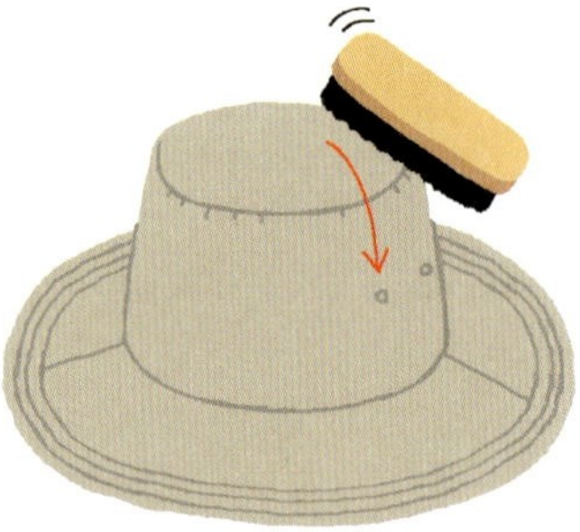

洋服ブラシ（P.38）で帽子の頭頂部分から下に向けてブラッシングし、全体のほこりを払い落とす。

2. 内側のすべりを水拭きする

帽子の内側の額にあたる部分（すべり）の汗などの汚れを、ぬるま湯に浸けて絞ったタオルで拭き取る。

3. 陰干しする

乾いたタオルで水分を拭き取った後、全体の形を整えてざるにかぶせ、風通しのよい日陰で乾かす。

ワンポイントアドバイス

ファンデーションがついたらどうしたらよい？

ファンデーションは油汚れなので水拭きでは取れません。乾いた布にベンジンを含ませ、拭き取るとよいでしょう。それでも取れなければ、ぬるま湯に食器用中性洗剤を溶かして歯ブラシにつけ、その部分だけこすると落ちます。浮き出た汚れと泡を移すようにタオルでポンポンとたたき、清め拭きして乾かします。

32

布製のコサージュを長持ちさせるお手入れ

襟《えり》もとや胸もと、ヘアアレンジのアクセントに使われるコサージュ。お花をモチーフにしているため繊細なデザインが多く、ていねいに取り扱うことが大切です。きちんとお手入れしてから収納を。

1. 筆でほこりを払う

化粧筆や絵筆でほこりを払う。一度に行うと形がくずれるので、花びら１枚ずつていねいに行う。

2. 裏側からスチームをあてる

Point! 正面からあてるのはNG。型くずれする可能性があるので気をつけて。

くたびれてきたら、スチームアイロンを裏側から５～６cm離して花びら１枚１枚にあてるとふんわりする。

3. 収納ケースに収納する

風通しのよい日陰で乾かしてから、コサージュが入っていたケースにきちんと収納する。

ワンポイントアドバイス

コサージュに水は大敵！

コサージュには水溶性の染料が使われていることが多く、水に濡れると色落ちすることも。洋服に色移りさせないためにも、雨の日は控えたほうがよさそうです。また胸もとにつけている場合は、化粧室で手を洗うときなど、蛇口からの水の飛びはねにも気をつけて。

33 革ベルトを長持ちさせるお手入れ

**ボトムからしみた汗がつくこともあり、
意外と汚れやすい革ベルト。
そのわりにはお手入れを忘れやすいので、
汗ジミが取れなくなってしまいがち。
簡単なお手入れでずっと使えるようになります。**

1. から拭きする

一方の手でバックルを持ち、もう一方の手でベルトを布でくるみながら、端から端までから拭きする。

2. 汗がついたら水拭きする

Point! 塩がふいたら完全に取れることはないので、ぼかすイメージ。

汗を大量にかいた日はベルトにもしみ込んでいる可能性があるため、水拭きしておく。

3. クリームで磨き込む

皮革用クリーム（P.76）を乾いた布に少量取り、磨き込む。ベルトハンガーにぶら下げて収納する。

ワンポイントアドバイス

ベルトの顔、バックルもしっかり磨きましょう

普段はから拭きだけでよいですが、バックルの光沢が濁ってきたり、さびが出てきたら、金属磨き液を乾いた布に少量つけて磨きましょう。革の部分につけないように気をつけて。アンティークの風合いがあるものは、水拭き、から拭きに留めておきます。

34 腕時計のバンドを長持ちさせるお手入れ

腕時計はいつも肌に接しているため、
汗やほこりで汚れています。
金属バンドの場合はさびが発生したり、
皮革バンドの場合は摩耗したりします。
バンドに余裕を持たせて身につけましょう。

1. 水拭きする

Point! 本体の裏側も忘れずに。

水で固く絞った布で、汗やほこりを拭き取る。金属バンドは文字盤に水をつけないように注意する。

2. から拭きする

Point! 取りはずせる金属バンドは、メガネ店にある超音波洗浄機で汚れを取ることができる。文字盤はNG。

乾いた布で優しくから拭きして、風通しのよい日陰に置いておく。密閉したケースには収納しないこと。

3. すきまの汚れを落とす

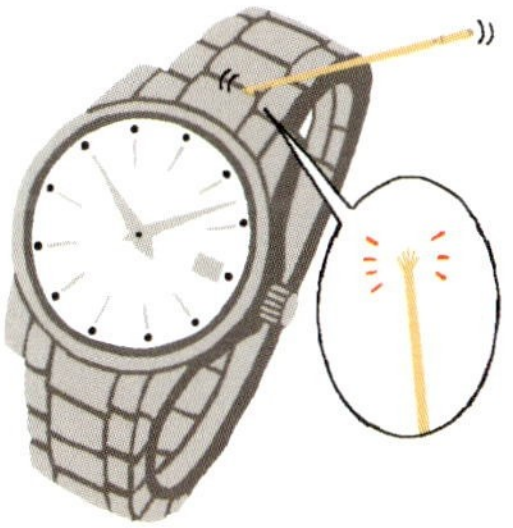

細かいすきまやベルトの穴の汚れは、つまようじの先端をつぶして毛羽立たせたものでこすり取る。

ワンポイントアドバイス

アウトドア用腕時計などに使われるウレタンバンドのお手入れは？

ほかのバンドと同様に、使用後に水拭きします。色落ちする衣類やバッグなどといっしょに使うと、バンドに染料が付着して取れなくなるので気をつけましょう。また、湿気と熱でボロボロになる「加水分解」を起こすのも避けられない素材なので、ひび割れたら取りかえます。

35

accessory

ネックレスの日常のお手入れ

**身につけると表面に汚れがつくので、
使用後はやわらかい布で
汗やほこりを拭き取っておきましょう。
シルバーは変色するため、ゴールドやプラチナの
ジュエリーとはお手入れ方法が違います。**

ゴールド、プラチナ

1. トップ部分をはずす

Point!
トップは素材に合わせたお手入れを。
（P.56 ～ 57）

トップに宝石など、別素材のものがついている場合は、チェーンから先にはずしておく。

2. 歯ブラシで磨く

食器用中性洗剤を溶かしたぬるま湯の中にネックレスを入れ、手のひらにのせて歯ブラシでこする。

3. よくすすぐ

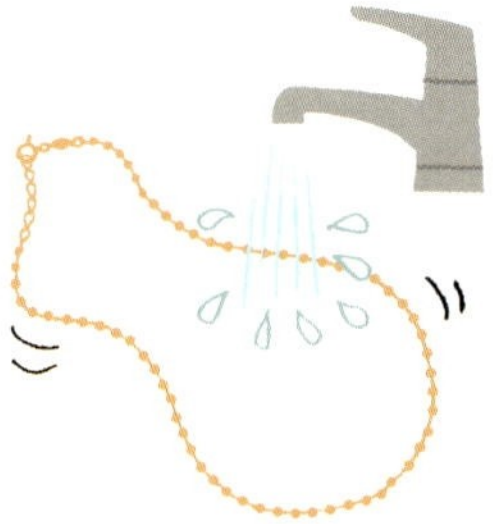

汚れや洗剤の泡が残らないように、流水でしっかりとすすぎ、軽く水を切っておく。

4. 布で水分を拭き取る

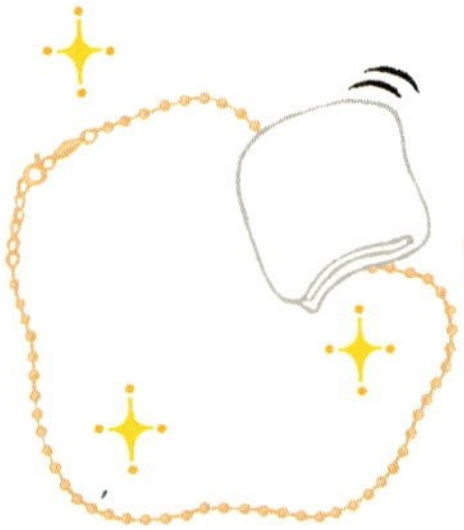

Point!
完全に乾かしてから保管する。

やわらかい布で水分をしっかり拭き取り、ほこりがつかないようにケースに収納する。

ワンポイントアドバイス

絡まったチェーンをほどくには？

いつの間にか絡まったチェーン。強く引っ張るとちぎれることもあるので、無理に引っ張ってはいけません！ チェーンに少量のベビーパウダーをかけてほぐすと、すべりがよくなり簡単にほどけます。パウダーは乾いた布で拭き取ればOK。細かいチェーンは吊るして収納しましょう。

シルバー

1. トップ部分をはずす

Point!
トップは素材に合わせたお手入れを。（P.56 ～ 57）

トップに宝石など、別素材のものがついている場合は、チェーンから先にはずしておく。

2. 歯磨き粉で磨く

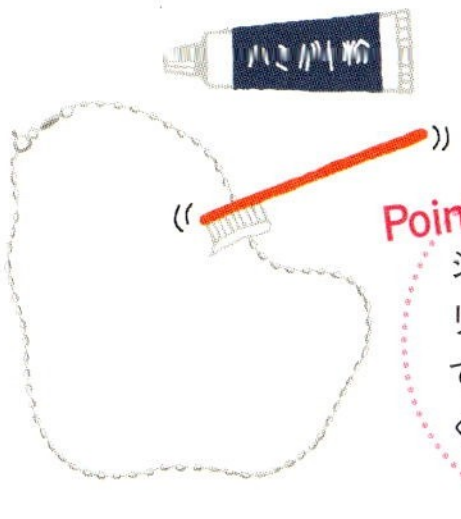

Point!
シルバー専用クリーナーに浸けても黒ずみがすぐ落ちる。

硫化※により表面が黒ずんできたら、水に浸けて手のひらにのせ、歯磨き粉をつけた歯ブラシでこする。

※空気中の硫化物と銀が反応して硫化銀になり、表面を黒く覆うこと。

3. すすいで乾かす

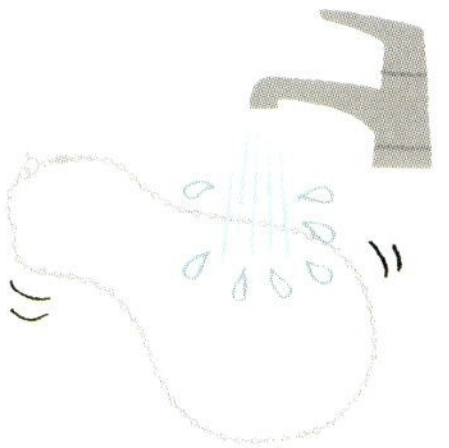

汚れや歯磨き粉が残らないよう、流水でしっかりとすすいで軽く水を切り、やわらかい布で水分を拭き取る。

4. ラップに包み保管する

Point!
ポリエチレンのラップで包むと変色する恐れがあるので注意。

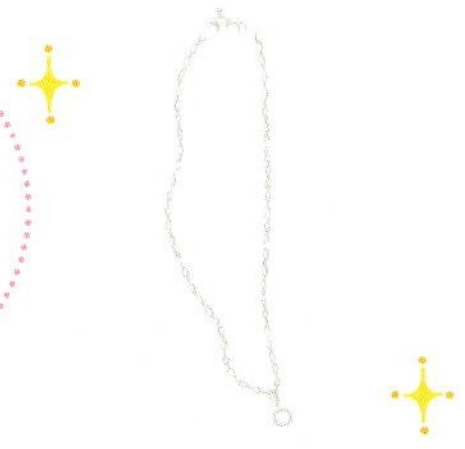

シルバーが硫化して黒ずまないように、ポリ塩化ビニリデン素材のラップで包み保管する。

36 パールを長持ちさせるお手入れ

accessory

**カジュアルなシーンはもちろん
冠婚葬祭にも使えるパールは、
ジュエリーのなかでも特にデリケートな素材です。
酸、熱、水に弱いので、家事をするときは
はずすようにしましょう。**

1. 水拭きする

化粧品がついていることが多いので、水で固く絞ったやわらかい布で、1粒ずつ汚れを優しく拭き取る。

2. から拭きする

水分にも弱いので、水拭き後はやわらかい布でから拭きする。汗をかいたときもすぐに拭くとよい。

3. 糸の劣化をチェックする

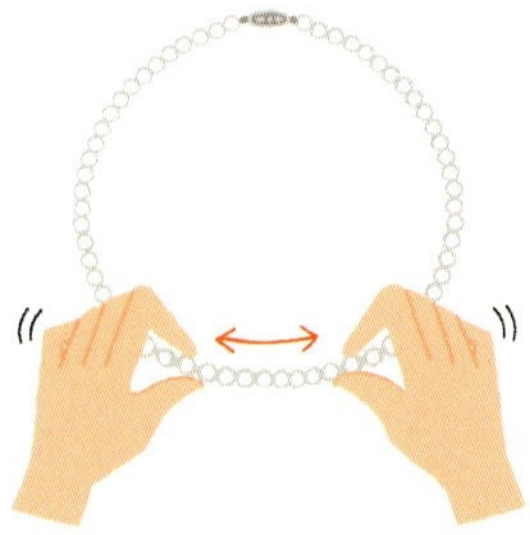

経年で糸切れを起こすため、糸が劣化していないかチェックする。弱っているようなら購入店で糸がえを。

4. ケースに保管する

購入したケースに入れて保管する。極端に乾燥、また湿気の多い場所はひび割れの原因になるので避ける。

37 石つきのアクセサリーを長持ちさせるお手入れ

**ダイヤモンドやサファイア、ルビー。
さまざまな宝石の中には、強い石、
弱い石がありますが、ここで紹介するのは
強い石のお手入れです。
ターコイズやエメラルドは弱いので、
パールのお手入れ（P.56）を参照してください。**

1. から拭きする

やわらかい布でから拭きする。汚れがひどければ、水拭きしてから、から拭きする。

2. 石のすきまの汚れを取る

つまようじの先端をつぶして毛羽立たせたものを、すきまにちょんちょんとつけて汚れを取る。

3. ケースに保管する

ほこりがつかないように購入したときのケースに入れ、極端な乾燥、湿気に気をつけて保管する。

ワンポイントアドバイス

クリスタルガラスのアクセサリーのお手入れ

普段はから拭きで汚れを拭き取ります。くすんできたら食器用中性洗剤液※で絞った布で、汚れを拭き取ります。清め拭きしてから乾いた布でから拭きすると、輝きが戻ります。

※洗剤原液を水で薄めたもの。

38 指輪を長持ちさせるお手入れ

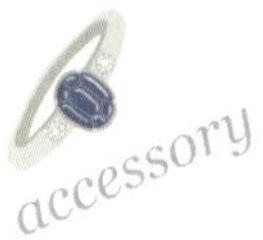
accessory

指輪のお手入れをしたことがない人も
いるかもしれませんが、定期的にクリーニングすると
見違えるように輝きを取り戻します。
普段のお手入れは
乾いた布で拭くだけで大丈夫です。

1. 歯ブラシでこする

Point!
シルバー素材なら歯磨き粉で黒ずみを落とす。
中性洗剤

食器用中性洗剤液※の中に入れ、やわらかめの歯ブラシでこすって汚れを取る。力を入れないように注意。

※洗剤原液を水で薄めたもの。

2. 布で水分を拭き取る

流水でよくすすいだら、やわらかい布で水分を拭き取る。水分がついていると変質の原因に。

3. ケースに入れて保管する

ほこりがつかないようにケースに入れて保管する。複数を収納する場合は、隣り同士の間隔を空ける。

ワンポイントアドバイス

石がついている場合は洗わずに水拭きを

まず、石留めの爪が緩んでいないかをチェック。緩んでいたら購入店に行き、締めてもらいましょう。ダイヤモンドなどの強い石は水で洗ってもよいですが、サンゴやオパールなど弱い石もあるので、基本的には洗わずに水拭きを。すきまの汚れは、つまようじの先端をつぶして毛羽立たせたもの（P.57）で取り除きます。

39 イヤリング、ピアスを長持ちさせるお手入れ

accessory

イヤリングとピアスは汗や皮脂、
化粧品などがつきやすいアクセサリー。
使った後はやわらかい布で
表面や金具部分を拭きましょう。
ピアスは雑菌が繁殖することもあるので
特に注意が必要です。

1. 水拭きする

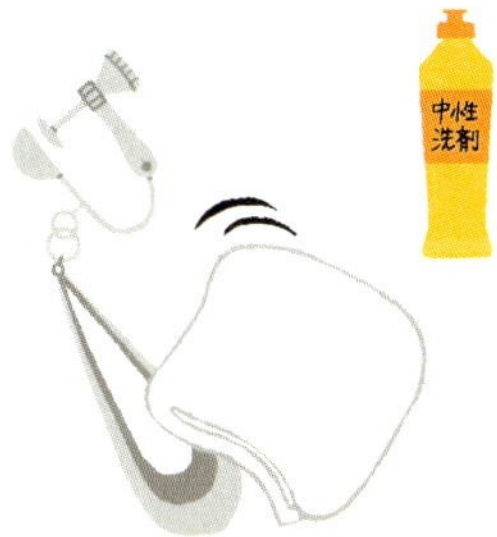

やわらかい布に、食器用中性洗剤液※を含ませて汚れを拭き取り、清め拭きする。

※洗剤原液を水で薄めたもの。

2. から拭きする

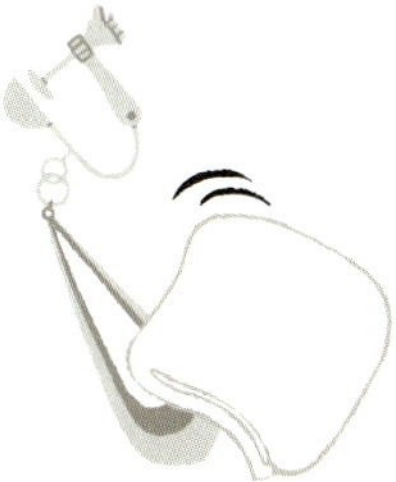

水分が劣化の原因になるため、乾いたやわらかい布でから拭きし、水分を取り除く。

3. 留め具やバネをチェックする

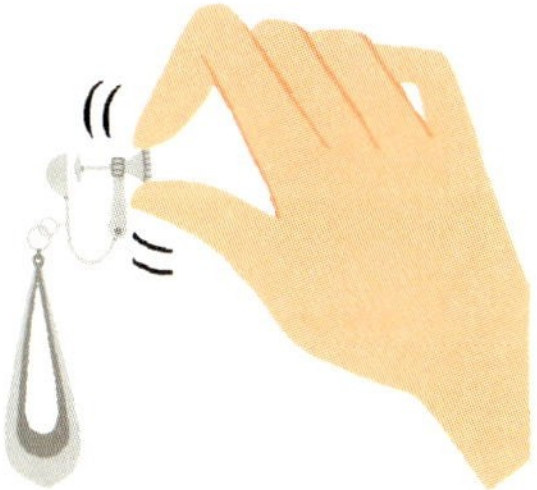

イヤリングは留め具やバネ、ピアスはポストやキャッチの緩みを確認する。緩んでいたら交換を。

4. ケースに入れて保管する

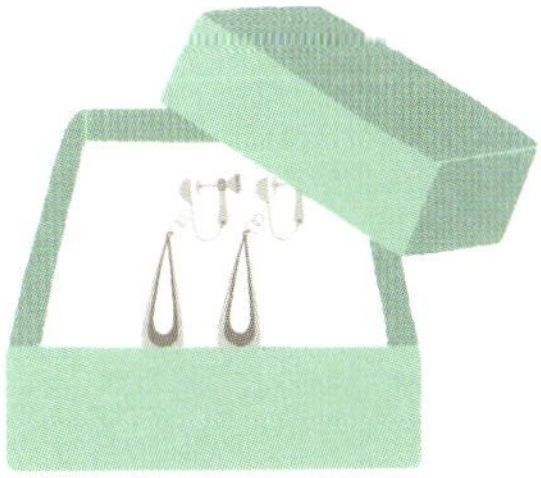

ぶつかり合うと傷がつくので、仕切りのあるジュエリーケースに収納する。ぶら下げて収納してもOK。

40 布製の帽子を傷めない洗い方

hat

全体に芯がある帽子やベレー帽は洗うと縮んだり、型がくずれるので自宅で洗うのは控えましょう。化粧品や皮脂汚れはベンジンで落とします。ニット帽はセーターと同じように洗います（P.24）。

1. 帽子をざるにかぶせる

Point!
ざるで型
くずれを
防ぐ。

帽子を上下逆さに置いたざるにかぶせる。内側の汚れを洗う場合は、裏返しにしてかぶせる。

2. 歯ブラシでこする

中性
洗剤

洗濯用中性洗剤を、水かぬるま湯で薄めて歯ブラシにつけ、汚れが気になる部分をこする。

3. すすいで陰干しする

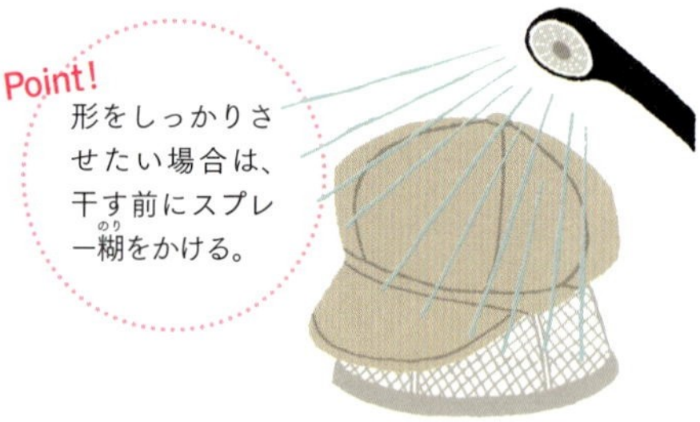
Point!
形をしっかりさ
せたい場合は、
干す前にスプレ
ー糊《のり》をかける。

ざるに帽子をかぶせたまま、シャワーなどで洗剤が残らないようにすすいで水を切り、そのまま陰干しする。

4. つばにアイロンをかける

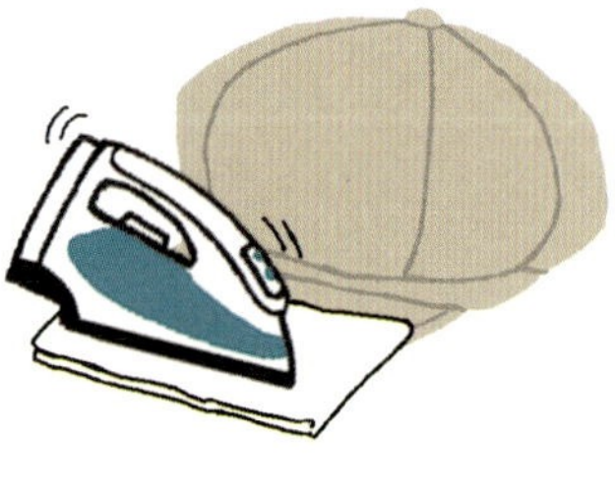

つばにアイロンをかけて、ピシッとさせる。頭頂部のしわにはスチームアイロンを２～３㎝浮かせてかける。

41 シルクスカーフを長持ちさせる洗い方

シルクは水洗いをすると
光沢が失われたり、縮んだり、色落ちしたりするため、
家庭での水洗いは控えたほうが無難です。
シミにはベンジンを使った
簡易ドライクリーニングをおすすめします。

1. ベンジンで洗う

Point!
換気のよい、火気のない場所で行うこと。

大きめの広口びんにスカーフと、スカーフが浸かる程度のベンジンを入れ、３分程よく振る。

2. よく乾かす

割り箸などでスカーフを取り出し、軽くベンジンを切り、タオルの上に広げて30分程陰干しする。

3. アイロンをかける

Point!
ベンジンは引火性があるので乾かすことが大切。

においがなくなりベンジンが完全に乾いたら、あて布をして中温でアイロンをかけ、しわを伸ばす。

ワンポイントアドバイス

綿や麻のスカーフは？

食器用中性洗剤液※の中に、スカーフをたたんで入れ、20分程度動かさずに浸け置きします。水を３回以上取りかえながらよくすすぎ、両手で押して水を切り、バスタオルで拭きます。その後、物干し竿かハンガー２本を使って、M字型になるように陰干しを。

※洗剤原液を水で薄めたもの。

42 めがねのレンズがくもったときのお手入れ

glasses

顔に密着しているめがねは手アカや皮脂、汗、ほこりがつきがちです。普段はから拭きで十分ですが、ときどき丸洗いして汚れを落としましょう。レンズに傷をつけないよう注意します。

1. マイクロファイバークロスでから拭きする

Point!
フレームやテンプルも拭いておく。
力を入れてこすると傷がつくので注意。

軽い汚れなら、マイクロファイバークロス（P.138）またはめがね拭きでから拭きする。

2. 落ちないくもりは丸洗いする

中性洗剤

食器用中性洗剤液※にめがねを浸けてスポンジ（P.96）で優しく洗い、しっかりすすぐ。

※洗剤原液を水で薄めたもの。

3. 乾かしてから磨く

Point!
タオルなど目の粗い布で磨くとレンズが傷つく恐れが。

風通しがよい場所で陰干しし、マイクロファイバークロス（P.138）で水けを拭きながらレンズを磨く。

ワンポイントアドバイス

サングラスとめがねのお手入れは違う？

サングラスはめがねと同じように、普段はマイクロファイバークロス（P.138）でから拭きするだけで十分です。プラスチックレンズの場合、濡れたまま放置するとレンズのコーティングがはがれて見えにくくなります。水分がついたらすぐにやわらかい布で拭き取り、乾燥させましょう。

43 めがねのテンプルが硬くなったときの直し方

めがねのテンプルが硬くなるおもな原因は、蝶番《ちょうつがい》の部分にほこりが詰まりスムーズに動かなくなるため。湿気や汗などの水分がつくとほこりがこびりつきやすくなるので清潔に保ちましょう。

1. 洗浄しながら動かす

食器用中性洗剤液※にめがねを浸け、スポンジ（P.96）でテンプルを洗いながら、指でゆっくり動かす。

※洗剤原液を水で薄めたもの。

2. 歯ブラシでこする

それでも硬ければ、歯ブラシに食器用中性洗剤液※をつけて、蝶番の部分をこする。

※洗剤原液を水で薄めたもの。

3. すすいで乾かす

水で洗剤のぬめりが取れるまでよくすすぐ。水分を拭き取り、完全に乾かす。

ワンポイントアドバイス

ノーズパッド（鼻あて）も汚れやすいので気をつけましょう

めがねを鼻で支えるノーズパッド（鼻あて）。鼻は皮脂の分泌が盛んで、女性の場合はファンデーションも付着するため、とても汚れやすい部分。人から見られやすい部分でもあるので、レンズやテンプルの洗浄のついでに歯ブラシで磨いておきましょう。

44 日傘を傷めない洗い方

sunshade

折り目についたほこりが、日光に当たると
焼けてしまいます。
一度焼け跡がつくと取りにくいため、
普段からブラッシングしたり、
から拭きすることが大切です。
汚れが気になったら早めに洗いましょう。

1. 生地をスポンジで挟んで洗う

Point!
洗えないタイプは、食器用中性洗剤液※で布を固く絞り、洗剤拭きする。

生地の裏に乾いたスポンジ（P.96）をあて、表から食器用中性洗剤液※を含ませたスポンジで挟んで洗う。

※洗剤原液を水で薄めたもの。

2. シャワーですすぐ

弱めの水流でシャワーをかけながら、全体の汚れや洗剤を洗い流す。洗えないタイプは清め拭きする。

3. 広げて陰干しする

Point!
直射日光で乾かすと色あせの原因に。

傘を閉じた状態でトントンと水滴を振り落としてから、広げた状態で陰干しする。

ワンポイントアドバイス

雨傘は骨がさびないように立てかけ方にひと工夫を

雨傘は使用後そのままにしておくとさびが出ます。特に先端の突起の内側は水が溜まってさびやすいもの。柄を下にして立てかけておけば水が下に落ちてさび予防になります。

45 サンダル、ミュールを長持ちさせるお手入れ

「去年のサンダルを履こうとしたら、
汚くて履けない！」ということがないように、
夏が終わったら、きちんとお手入れをしてから
保管しましょう。

1. 指跡の汚れを落とす

Point!
2～3週間に1回お手入れしておくと、跡にならない。

指跡は皮脂汚れなので、衣類用弱アルカリ性洗剤液※で布を固く絞り、汚れを拭き取る。

※洗剤原液を水で薄めたもの。

2. 全体を水拭きする

Point!
エスパドリーユなどの自然素材や布製のサンダルは、水に濡らさずに靴ブラシ（P.76）でブラッシングを。

水で固く絞った布で全体を拭く。取れない汚れは食器用中性洗剤液※を布に含ませて拭き、清め拭きする。

※洗剤原液を水で薄めたもの。

3. 風通しのよい場所で保管する

Point!
さびがつかないように、ストラップの金具ははずしておく。

湿気が多い夏はカビが発生しやすいため、靴箱に収納する際はときどき扉を開けておく。

ワンポイントアドバイス

レザー素材のお手入れ

レザーについた指跡は、皮革用クリーナー（P.76）を乾いた布に少量取り、何回も拭いてぼかします。表面は靴ブラシ（P.76）でブラッシングしてから、皮革用クリーム（P.76）をやわらかい布に取って塗り込みましょう。

46 ロングブーツを長持ちさせるお手入れ

秋冬に活躍するロングブーツは
熱がこもりやすく、においが発生しがちです。
履き終えたら1日以上は休ませて、
湿気を飛ばしておきましょう。

1. から拭きする

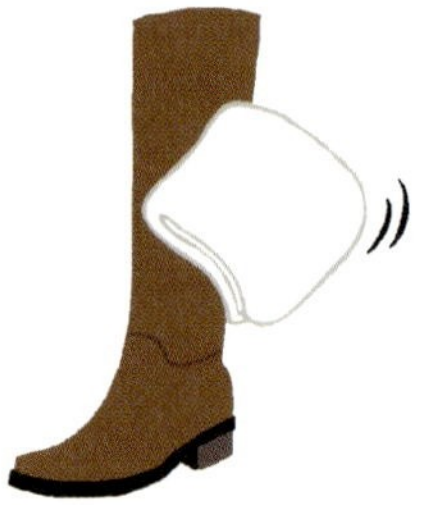

Point!
保管前には、靴ブラシ（P.76）を使って、一定の方向にブラッシングし、ほこりや汚れを取り除く。

内側と外側をから拭きする。乾いた布に皮革用クリーム（P.76）を少量取り、磨くとよい。

2. 内側を水拭きする

内側は水で固く絞った布で拭く。風通しのよい日陰で2～3日干し、水けとブーツの湿気を取っておく。

3. ブーツキーパーを入れて保管する

Point!
不織布に入れての保管が一番だが、箱にしまう場合は乾燥剤を入れ、年に2回は箱を開けて風を通す。

型くずれ予防に、ブーツキーパーを入れて保管する。筒状の新聞紙や厚紙でも代用できる。

ワンポイントアドバイス

次に履くときにブーツに折り目がついていたときは？

きちんと保管していないと、ブーツに折りじわができることも。ブーツの外側を水で固く絞った布で拭き、革が張るようにブーツキーパーを入れてから乾かして、形を戻すとよいでしょう。引っ張りすぎると型くずれの原因になるので注意して。ある程度戻ったら、履いているうちに体温で自然に伸びてきます。

column

カビを防ぐ靴の収納方法

ブーツやサンダルなど季節で履き分ける靴は、シーズン以外は履かないもの。
いざ履こうとしたらカビが生えているということがないように、
カビのエサとなるほこりと汚れ、湿気を防ぎましょう。

テクニック1

スペースに余裕を持って収納する

一足一足余裕を持って収納すると、風の通りがよくなりカビ予防に。

テクニック2

ときどき風を通す

靴箱の扉はときどき開けたままにして風を通す。カビ予防になり、においがこもるのを防ぐことができる。梅雨時は開けっ放しにしておくくらいがベスト。

テクニック3

もとの場所と違う所にしまう

靴をしまうときは、もとの場所ではなく次に履く靴を出した場所にしまう。靴を動かすことで、靴箱内に溜まった湿気やにおいを移動させる。

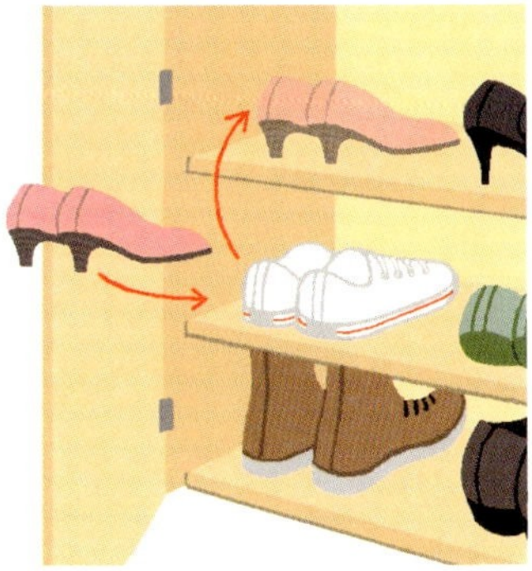

テクニック4

大切な靴は上段に

湿気は下に溜まるので、大切な靴は湿気が少ない上段に収納するのがおすすめ。ビーチサンダルなど、湿気の影響が少ない素材のものを下段に収納する。

47 手袋を長持ちさせるお手入れ

gloves

冬場に毎日のように着用する手袋は、２～３個を
意識してかえて使うと長持ちします。
シーズンを終えたら、素材に合ったお手入れを。
汚れを溜め込まなければ、長く愛用できます。

ブラッシュドレザー

1. ブラッシングする

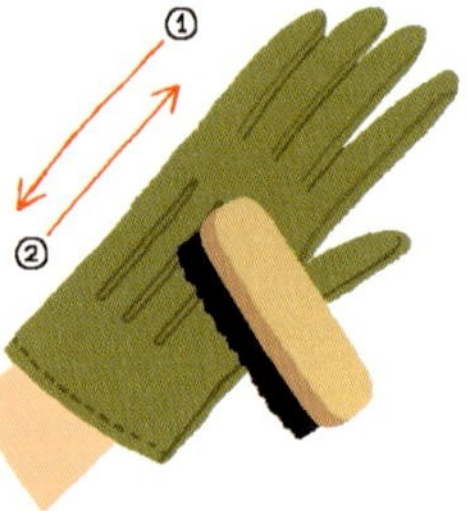
①
②

一方の手袋を手にはめ、洋服ブラシ（P.38）でブラッシングし、ほこりや汚れをかき出す。

2. 表面を削る

指先など汚れがひどい部分は、食器洗い用スポンジ（P.76）の不織布部分で軽くこすり、少しずつ毛羽を削る。

スムースレザー

1. クリーナーで汚れを落とす

Point!
汚れやすい
指の先端は
念入りに。
クリーナー

一方の手袋を手にはめ、乾いた布に少量の皮革用クリーナー（P.76）をつけて汚れを拭き取る。

2. から拭きしてクリームで磨き込む

少量でOK!

乾いたやわらかい布でから拭きし、さらに皮革用クリーム（P.76）を少量布に取ってよく磨き込む。

フリース

1. 裏返して洗濯する

起毛が絡まないように、裏返すか洗濯ネットに入れて、洗濯機の弱水流（ドライ・手洗いコース）で洗う。

※数字は、洗濯機に水を溜めてから入れる順番を示す。

2. ブラッシングする

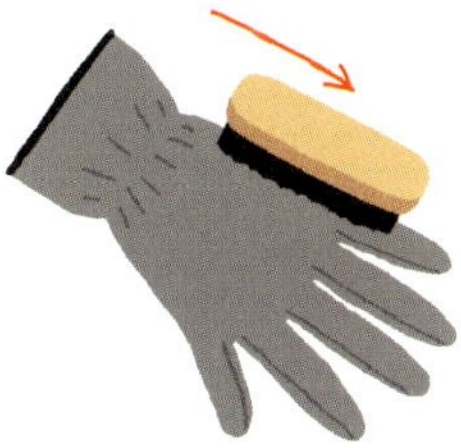

脱水後、表に返して、表面が濡れているうちに、洋服ブラシ（P.38）でブラッシングして毛並みを整える。

3. 陰干しする

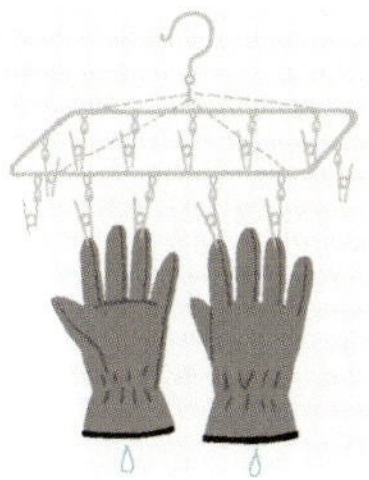

指先を洗濯ばさみでつまんで、風通しのよい日陰で干す。熱に弱い素材なので、乾燥機はNG。

ニット

1. 押し洗いする

Point!
30℃以上になると縮みやすくなるので注意して。

約30℃のぬるま湯に洗濯用中性洗剤を溶かして全体に押し洗い(P.27) し、指先はつまみ洗い (P.27) する。

2. よくすすぐ

洗面器に水を張りかえて、泡がなくなるまで数回すすぐ。タオルで挟み、吸水させる。

3. 平らに陰干しする

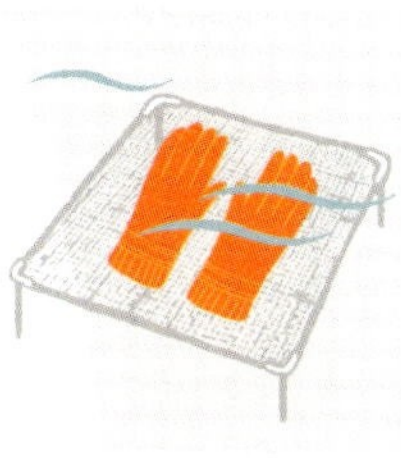

しわを伸ばして指先などの形を整え、風通しのよい日陰に干す。伸びやすいので平干しがベター。

48 マフラーを長持ちさせるお手入れ

目に見えづらいですが、マフラーは
首まわりに接する部分に皮脂汚れがつきやすく、
両端のフリンジにはほこりや汚れがつきがちです。
シーズンが終わったら、適切なお手入れで
風合いを保ちましょう。

1. ブラッシングする

洋服ブラシ（P.38）を使い、一定方向にブラッシングして、ほこりや汚れを取り除く。先端は念入りに。

2. ベンジンで拭く

乾いた布にベンジンを含ませて、汚れている部分を拭き取る。風通しのよい日陰でよく乾かす。

3. フリンジを整える

Point!
ベンジンは引火性があるので乾かすことが大切。

フリンジがある場合は、フリンジにスチームアイロンを２～３㎝浮かせてあて、形を整える。

ワンポイントアドバイス

洗濯機で洗うなら

ウール、ポリエステルは、たたんでネットに入れると、洗濯機の弱水流（ドライ・手洗いコース）で洗えます。脱水は短め（約30秒）にして、縮まないように水で洗うようにします。風通しのよい日陰でふたつにたたんで平干しするか、M字干し（P.61）しましょう。

※数字は、洗濯機に水を溜めてから入れる順番を示す。

49 革靴の傷を目立たなくするお手入れ

革靴に引っかき傷やこすり傷ができると、
白っぽく目立ってしまいます。同色のクリームを
奥まで塗り込み、目立たなくしましょう。
革の色が落ちてきたときも同様にお手入れを。

1. ブラッシングする

小さな傷であればブラッシングだけでも消えることがあるので、まず靴ブラシ（P.76）でブラッシングを。

2. 靴と同色のクリームで補色する

靴と同色の補修クリーム（P.76）を綿棒に少量取り、傷に塗る。乾いた布でこすって傷に色を塗り込む。

3. クリームで磨き込む

皮革用クリーム（P.76）を乾いた布に取り、磨き込む。何度か磨くうちに目立たなくなる。

ワンポイントアドバイス

同色のクリームがないときはクレヨンで応急処置を

靴と同色のクリームがないときは、クレヨンで応急処置をしましょう。靴の傷にクレヨンを塗り、乾いた布でこすりなじませます。仕上げに皮革用クリーム（P.76）を塗り、布で磨きましょう。クレヨンには、クリームや革靴の表面と同じ成分の油脂とろうが含まれているため、色がなじみます。

50 靴のかかとがすり減ったときの直し方

靴のかかとは履き続けるうちに
すり減ってしまうもの。
市販されている専用の補修剤をパテのように塗って、
自分で簡単に修復することができます。
ソールのひび割れにも効果的です。

1. 補修部分にやすりをかける

Point!
補修剤がくっつきやすくなる。

先にすり減った部分をきれいに洗って汚れを取る。乾かしてからやすりをかける。

2. かかとの側面にガムテープを貼る

Point!
ガムテープは2枚を少しずらして貼ると、強度が高まる。

補修剤がはみ出さないように、すり減った部分のかかとに沿ってガムテープを貼る。

3. 補修剤を塗り、乾かす

Point!
乾燥すると縮むので、少し多めに塗るとよい。

補修剤を塗る。補修剤はホームセンター等で購入可能。へらで補修剤を平らにしてすきまをなくし、乾かす。

4. はみ出た部分を整える

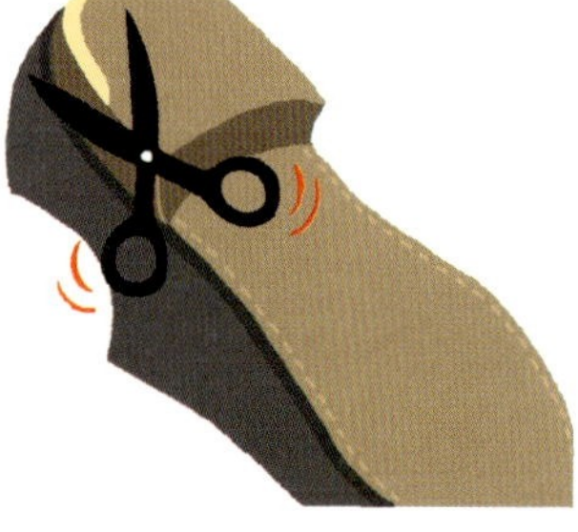

固まったらテープをはがし、補修剤がはみ出した部分を、はさみやすりで整える。

51

パンプスの傷んだヒールの直し方

**体重の負荷がかかり傷みやすいヒールは、
芯になっている金属が見えたら修理が必要です。
ホームセンター等で購入できる
ラバーリフト（トップリフト）があれば、
自宅で修繕することが可能です。**

1. 古いかかとをはがす

かかとをペンチやマイナスドライバーではがす。カッターで軽く切れ込みを入れるとはがれやすい。

2. ラバーリフトをカットする

新しいかかとになるラバーリフトにヒールをのせ、チャコペンなどで輪郭を取り、カッターでカットする。

3. くぎを打ちつける

Point!
かかとの大きさに合わせて、釘を打つ数は変わる。

新しいかかとに皮革用接着剤をつけてヒールに仮留めし、くぎで2～5か所打ちつける。

4. はみ出た部分をカットする

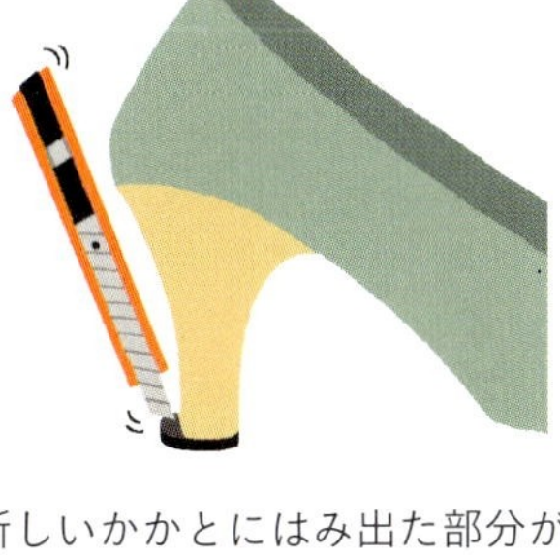

新しいかかとにはみ出た部分があれば、カッターでカットする。ヒールを傷つけないよう注意。

52 靴のはがれかけた中敷きの直し方

素足で履くサンダルやパンプスは
特に、汗で中敷きがはがれやすいもの。
中途半端にめくれると歩きにくくなります。
全部はがれてしまわないうちに、
接着剤で補修しましょう。

1. 汚れを拭き取る

中敷きの裏と貼りつける部分の汚れを、水で濡らした布で拭き取り、自然乾燥させる。

2. 中敷きにゴム用接着剤を塗る

Point! つけすぎるとはみ出すので注意。

ゴム用接着剤を中敷き、貼りつける部分の両方の端から2～3㎜内側につけ、へらで薄く均一にならす。

3. 5～10分程度乾かす

すぐに貼り合わせずに、そのまま5～10分待つ。少し接着剤が乾いたほうが貼ったときに固定しやすくなる。

4. 指の腹で押さえながら貼る

Point! 指で押さえてしっかり空気を抜く。

接着剤が固まりかけたら、指の腹で押さえながら、かかとからつま先に向けて貼りつける。

53 傘のつゆ先がはずれたときの直し方

はずれやすい傘のつゆ先（傘の親骨の先端部分）は、そのまま使っていると親骨が折れるなど、破損の原因になります。特別な道具がいらず、簡単に補修できるのですぐに直しましょう。

1. 糸にろうそくのろうを塗る

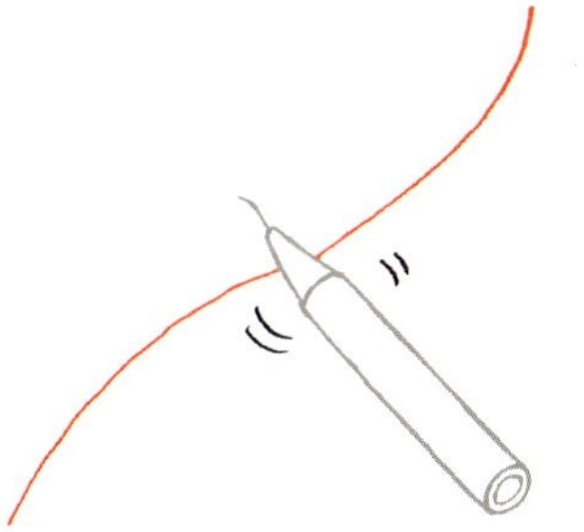

縫い糸にろうそくのろうを塗っておく。糸が水をはじいてほつれにくくなる。

2. 布の先端を二重に折る

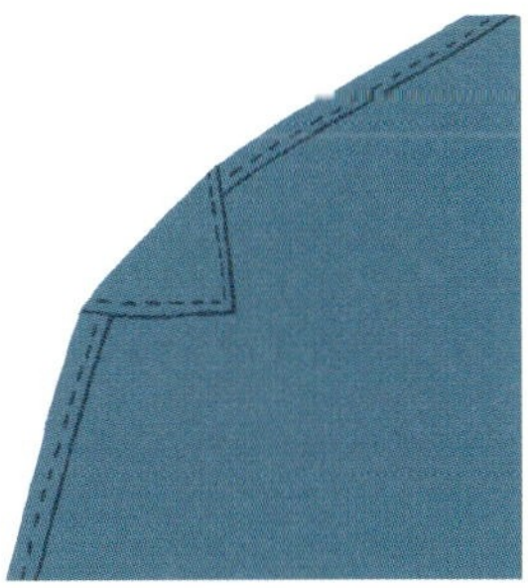

布の先端を二重に折るか、裏側に手ぬぐいなど丈夫な綿のあて布を縫いつけて補強する。

3. 布とつゆ先を縫い合わせる

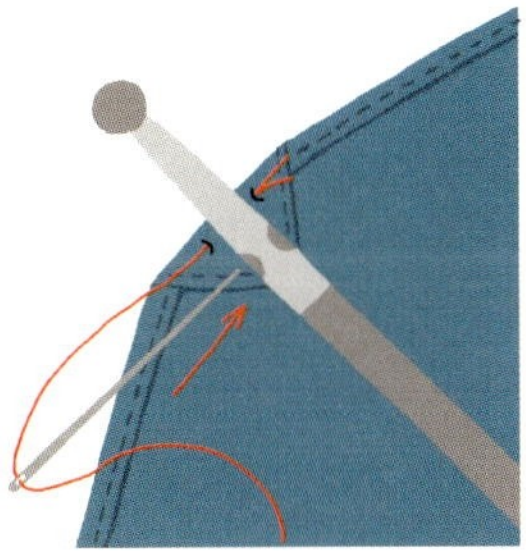

布の先端の折り返した部分を針ですくったら、つゆ先の穴に通す。これを３～４回繰り返す。

4. つゆ先に糸を巻きつける

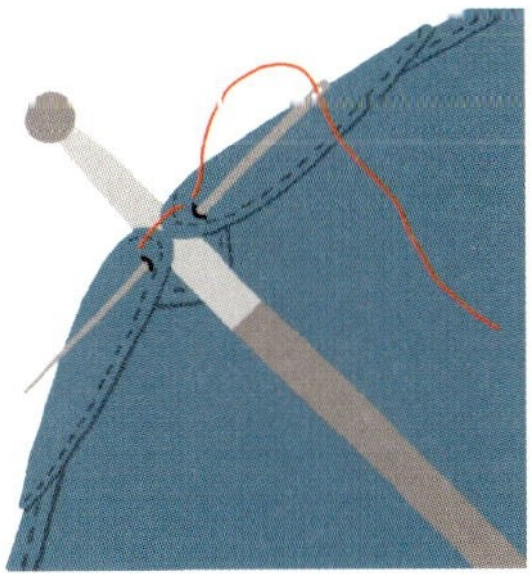

両側の布をつゆ先に寄せた状態で、３～４回縫い合わせて固定する。最後に玉留めして糸を切る。

おすすめの皮革ケア製品

ひとくちに皮革素材といってもスムース、ブラッシュド、ヌメ、エナメルなど多くの種類があります。それぞれに合ったお手入れをして、長く使いましょう。

(写真提供／コロンブス)

汚れ落としに

皮革用クリーナー

表面の汚れを落とし、その後のクリームの浸透性をよくする皮革用クリーナー。一度の使用につき小指の先ほどの、ほんの少しの量でOK。本書ではP.41、P.65などで使用。

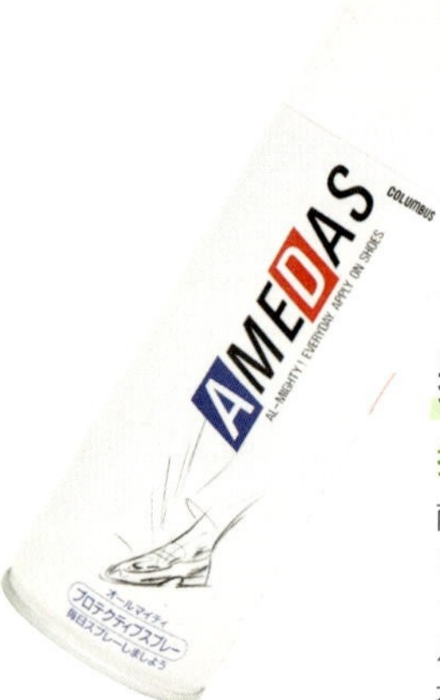

(写真提供／コロンブス)

撥水《はっすい》に

撥水スプレー

雨などの水分から皮革を保護し、汚れやほこりもつきにくくする撥水スプレー。エナメルは表面が変化するのでNG。本書ではP.41などで使用。

つや出しに

皮革用クリーム

皮革の栄養である油分を与えて、色やつやを出す皮革用クリーム。おもにスムース製のものに使用し、スエード、ヌバックなどのブラッシュドレザーには厳禁。ヌメ革もシミになりやすいので注意する。本書ではP.34、P.41などで使用。

(写真提供／コロンブス)

※写真はREDECKER製。著者私物。

皮革製品のブラッシングに

靴ブラシ

レザーの繊維のすき間のほこりや汚れをとり、毛並みを整える。握りやすく、力を入れやすいグリップタイプは、革靴のお手入れに特におすすめ。洋服ブラシとは別に、ひとつ持っておくとよい。本書ではP.40、P71などで使用。

※写真はイメージ。

ブラッシュドレザーを削るときに

食器洗い用スポンジ

ブラッシュドレザーの表面の黒ずみの緩和に。スポンジの不織布部分で軽く削り、下の新しい毛羽を出すのに使う。本書ではP.35、P.68などで使用。

(写真提供／コロンブス)

傷の補修に

補修クリーム

革についたひっかき傷やこすり傷は、同色の補修クリームを綿棒で塗り込んで補色する。クリームがなければ、クレヨンでもOK。本書ではP.46、P.71などで使用。

chapter 3

キッチン用品・食器のお手入れ

いい具合になじんだ鍋やフライパン、いつもピカピカの食器は料理をもっと楽しくしてくれるもの。そのためには素材に合ったお手入れの仕方を知ることが一番です。汚れがちなキッチンまわりも、コツを押さえて清潔に保ちましょう。

54

cookware

フライパン、鍋を長持ちさせる洗い方

鉄、アルミ、ホーロー、ステンレス、
フッ素樹脂加工などがありますが、
基本の洗い方は同じです。
鉄製は気をつけてお手入れをしないとさびやすいので、
注意が必要です。

1. 油を吸い取る

Point! 紙はちぎって入れると油を吸いやすい。

揚げ物などで残った余分な油は、冷め切らないうちに新聞紙などに吸わせ、いらない紙や布でぬぐい取る。

2. ぬるま湯で洗う

Point! 金属たわしは傷がつきやすいので使わない。

鉄製は洗剤を使うとさびやすくなるので注意。

30℃程度のぬるま湯に浸けながら、食器用中性洗剤とスポンジ（P.96）やささら（P.96）などを使って洗う。

3. 水けを切る

Point! 鉄製は火にかけて乾かしてもよいが、フッ素樹脂加工は熱伝導に差が出るのでNG。

汚れが落ちたら水をしっかり切り、逆さにしてシンクに置き、風を通すようにして乾かす。

4. 水けを拭き取る

Point! 鉄製はさび予防に油を塗っておく。

水滴だけになったら、布巾で水けをしっかり拭き取り収納する。水分が残っているとさびの原因に。

55 フライパン、鍋の焦げつきの落とし方

cookware

焦げつきは、食べ物の水分が失われて
ほとんど炭化した状態です。
熱が加わる前の状態に戻すために、水分を補いましょう。
最初に木べらで焦げを落とし、
残りはゆっくりと落としていきます。

1. お湯に浸けてふやかす

40℃以上のお湯を、焦がしたフライパン、鍋に溜めて焦げをふやかしておく。水は熱が下がるのでNG。

2. しばらく置いておく

焦げがふやけるまでしばらく浸けておく。落ちなければ、火にかけて焦げをさらにふやかす。

3. 焦げを刮《こそ》げる

Point! いきなり刮げ取ろうとすると傷がつき、熱が均一に伝わらず焦げやすくなる。

ふやけた焦げを木べらなどで少しずつ刮げる。1回で取れなくてもゆっくりと火をかけると取れてくる。

4. 洗って乾かす

食器用中性洗剤を使ってスポンジ(P.96)とぬるま湯で洗い、すすいで水けを切り、布巾で水分を拭き取る。

column

フライパン・鍋の素材別の特徴

毎日の料理に欠かせないフライパン・鍋。自分がどんな材質のものを使っているか知っていますか？　材質を確認して、適切な使い方・お手入れをしましょう。

鍋にもさまざまな材質が。料理によって使い分けて

毎日の料理に使うフライパン・鍋ですが、材質により得意な料理・不得意な料理があります。フライパン・鍋を長持ちさせるには、まず材質の特性を把握して、適した調理に使い、お手入れを行うことが大切です。

たとえば、軽くて丈夫なアルミ製の鍋は、みそ汁やスープ、下ごしらえ、出汁、さっと煮ることなどにはとても便利ですが、塩分などに弱いため、料理をそのままにしていると傷みが早くなります。一方、鉄は強火で熱してから使わないと熱が均一に行き渡らず、こびりつきの原因に。さっと火を通すように炒めることが多い、中華料理や高温で焼くステーキなどに使用するとよいでしょう。

また、お手入れ方法も材質によって気をつける点が異なります。たとえば鉄や銅の鍋はさびやすいので、洗い終わったらすぐに水けを飛ばすことが大切です。一方、フッ素樹脂加工がほどこされたフライパンは、から焼きすると加工がはがれてしまうので、気をつけましょう。

フライパンの素材別特徴

代表的なフライパンを種類別に紹介します。
自分が使いやすいものを選ぶとよいでしょう。

フッ素樹脂加工

焦げつきにくく取り扱いやすいが、強火や急激な温度変化に弱いので弱火〜中火で使用する。フライパンが少し冷めてから、お湯とスポンジで洗う。金属製のたわし、へら、研磨剤入りのクレンザーを使うと内側のコーティングが取れるので注意する。から焼きは厳禁。

ステンレス

鉄にクロムを混ぜてさびにくくした合金で、熱伝導がよくないため、ほかの金属と張り合わせた多層構造が主流。素材がくっつきやすいので、よく予熱をしてから使う。

鉄

使用前に全体が熱くなるまでフライパンを焼き、煙が出たら油を入れ、強火で調理する。使用後は洗剤を使用せず、ささら（P.96）や網たわし（P.96）とお湯で洗う。軽く水けを拭き、から焼きして水けを飛ばす。さび予防に、フライパンの内側・外側に薄く油を塗っておく。

中華鍋

素材やお手入れは鉄のフライパンと同じ。深さがあり、煮炊きにも使えるので、ひとつ持っておくと便利。

鍋の素材別特徴

鍋は汁物用の直径15cm、煮物用の直径20cm、
煮込み用の直径24cmの3種類があると便利です。
重さやお手入れの手間などを考慮して、自分に最適なものを選びましょう。

銅

熱伝導率も保温性も高く焦げつきにくいが、重くて傷がつきやすくさびやすいのでお手入れが大変。調理後はすぐに中身をほかの容器に移しかえて、スポンジで洗い、水けを拭き取ってしっかり乾燥させる。

鉄

熱伝導率が高く、油なじみがよいが、さびやすいので洗ったらすぐに水けを取る。中華鍋や天ぷら鍋など、揚げ物や高温料理に最適。

アルミ

熱伝導率が高く、軽くて取り回しがよいので手入れも簡単な反面、塩分に弱く、油なじみが悪い。使用前に米のとぎ汁で15分程煮込むと、皮膜ができて黒ずみにくい。皮膜が黒く変色したら、レモンの輪切りを煮ると黒ずみが薄くなる。

ホーロー

ガラス質の釉薬《うわぐすり》で鉄をコーティングして焼きつけたもの。保温性がよく、においがつきにくい。表面のガラス質は傷がつきやすいので、金属たわしはNG。調理にも木べらやゴムべらを使うとよい。急激な加熱・冷却に弱い。

ステンレス

フライパンと同様に多層構造で熱伝導率がよく、オールマイティに使え、無水料理もできる。さびないように水分をよく拭き取る。

土鍋

保温性が高いため、鍋物や炊飯用などに向く。油に弱く、急激な温度差でひびが入りやすい。材質的には陶器なので、お手入れは陶器と同じ（P.86）。

Advice

調理時は底面から火をはみ出させない

調理時の火力は鍋やフライパンの底の大きさに合うように調節しましょう。早く熱を通したいからと底からはみ出すほど強火にしても、熱が効率よく伝わらず、かえってガス代がかかることも。早く熱を通すコツは、火があたる底の面積を大きくすることです。たとえば1ℓの水なら16cmよりも24cmのほうが早く沸き、節約にもなります。

56 魚焼きグリルの汚れを楽に落とす洗い方

cookware

魚焼きグリルは、数回お手入れを怠ると においや汚れがこびりつきがち。 においの発生源は洗い残しなので、 使い終わったらそのつどお手入れして 汚れを残さないようにしましょう。

1. お湯に浸けて洗う

Point!
継ぎ目の汚れが取れないなら歯ブラシを使う。

食器用中性洗剤をお湯に溶かし、焼き網と受け皿を浸けておく。汚れが緩んだら、スポンジ（P.96）でこする。

2. グリルの中をお湯拭きする

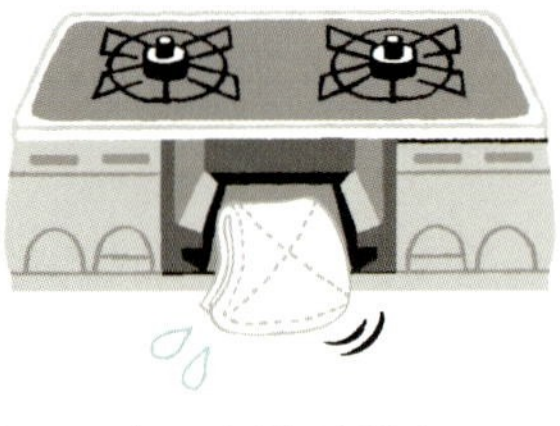

グリルの中にも油が飛んでいるので、お湯で絞った台布巾や網たわし（P.96）でしっかり拭いておく。

ワンポイントアドバイス

調理前にできる引っつきを予防する方法

事前に汚れや焦げがこびりつかないように予防すると、使い終えた後のお手入れも格段に楽になります。

●網または魚に酢を塗る
網の両面に刷《は》毛《け》やキッチンペーパーで酢を塗っておくと、魚の皮が網に引っつきにくくなります。さらに、直接魚に酢を塗っておくと安心です。

●受け皿に水と片栗粉を入れる
水300㎖に片栗粉大さじ３を溶かして受け皿に流し込んでおきましょう。魚を焼き終えてから30分以上放置すると、水がゼリー状に固まります。はがしてそのまま捨てられるので、こびりつきません。

57 まな板を清潔に保つお手入れ

プラスチック製と木製がありますが、どちらも湿った状態で使うと雑菌が繁殖しやすいので、よく乾かすことが大切です。できれば2枚用意し、野菜と肉・魚で使い分けるのをおすすめします。

1. 洗剤で洗う

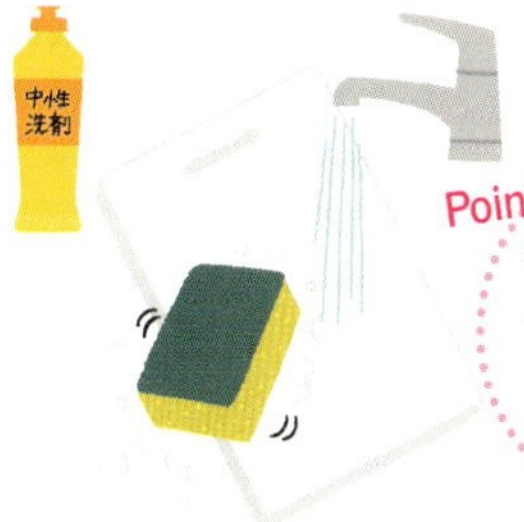

Point! 熱湯を使うとたんぱく質が固まり取れにくくなるのでNG。

魚や肉を切ったら、食器用中性洗剤液※とスポンジ（P.96）で洗う。野菜は水洗いでOK。

※洗剤原液を水で薄めたもの。

2. 熱湯をかける

洗い終えたら、雑菌の繁殖を防ぐために、80℃以上の熱湯をかけて消毒する。定期的に行うと黒ずみ予防に。

3. よく乾かす

Point! 木製のものは、木目に沿って立てかける。

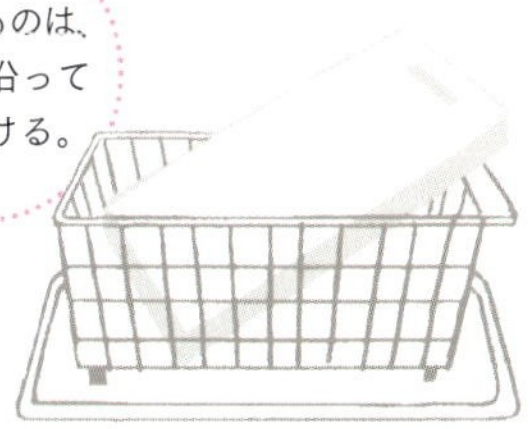

風通しのよい場所で乾かす。濡れたままにしておかないことも、雑菌繁殖予防に大切。

ワンポイントアドバイス

黒ずみの原因はなに？　その落とし方は？

黒ずみは、まな板についた包丁の傷に腐《ふ》朽《きゅう》菌《きん》が繁殖するのが原因です。週1回、よく乾かしてから歯ブラシやたわしでこすると黒ずみが取れてきます。それでも黒ずみが取れなければ、まな板の上にキッチンペーパーを敷き、塩素系漂白剤を水で薄めて垂らします。しばらく置いてから洗い流しましょう。

58 洗いにくい調理器具の洗い方

cookware

泡立て器、おろし金、ざる、
菜箸や木べらなどの木製器具。頻繁に使うけれど、
ちょっと洗いづらい器具です。
汚れが取れにくい箇所に気をつけてお手入れしましょう。

おろし金

1. 歯ブラシとクレンザーでこする

野菜などの細かいかすがこびりつきやすいので、クレンザーを振り、歯ブラシで汚れをかき出す。

2. よくすすぐ

Point!
銅製はさびやすいのでよく乾かす。

歯ブラシでこすりながらよくすすぎ、水を切って干す。ピーラーも同様に洗える。

泡立て器

1. お湯に浸けて洗う

Point!
生クリームやバターなどの油脂を混ぜた場合は、お湯の温度を高めにする。

洗いおけかいっしょに使ったボウルにお湯を溜めてしばらく浸け、スポンジ(P.96)と食器用中性洗剤で洗う。

2. よくすすぐ

すきまや金具が重なったトップ部分に、泡が残らないよう回しながらすすぎ、水を切ってから干す。

木製器具

1. 洗ってよく乾かす

食器用中性洗剤をつけたスポンジ（P.96）で洗い、よくすすいだら、かごなど通気性のよい場所で乾かす。

2. 黒ずみは紙やすりで磨く

Point!
紙やすりは少し粗めの240～320番程度がおすすめ。適当な大きさに切って磨く。

木のタンニン成分で先端が黒っぽくなるのは味わいなのでそのまま使えるが、気になれば紙やすりをかける。

3. 油脂をすり込む

布にオリーブオイルや菜種油などを取って、木製器具に塗り、余分な油を拭き取ってよく乾かす。

ざる

1. 歯ブラシで汚れをかき出す

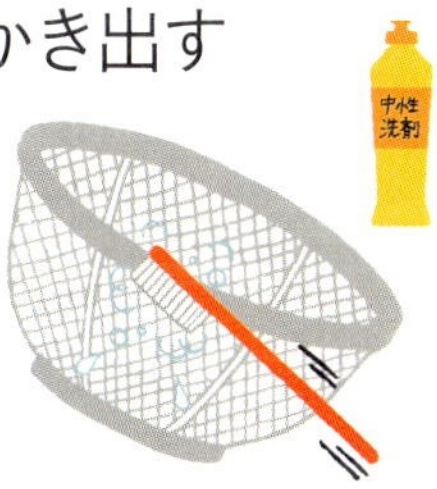

歯ブラシに食器用中性洗剤をつけ、編み目の汚れをかき出すようにこすり洗いする。

2. よくすすぐ

編み目の汚れが取れたら、再び汚れが絡まらないように、編み目に水を通しながらよくすすぐ。

3. 水を切り乾かす

２～３回ざるを振って水を切り、逆さにして干す。竹製はしっかり乾かすと、においも発生しない。

59 陶器を長持ちさせるお手入れ

tableware

800 ～ 1200℃で焼いた陶器（土もの）、
もっと高温で焼いたものを磁器（石もの）と呼び、
陶器は磁器よりも吸水性があります。
どちらも急激な温度変化に弱いことも
覚えておきましょう。

1. お湯で汚れを浮かせる

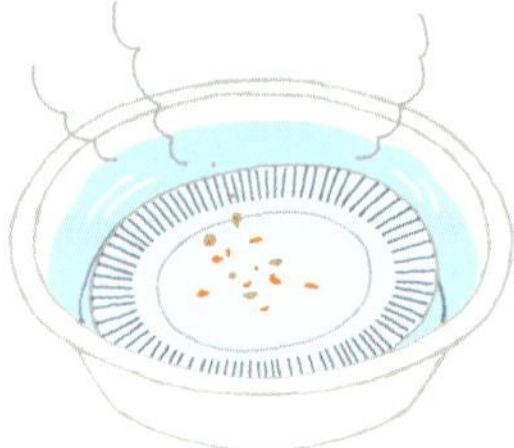

カレーやドレッシングなどの油脂類は、ゴムべらやいらない布で先に落とし、お湯に浸けて汚れをふやかす。

2. 洗って乾かす

スポンジ（P.96）に食器用中性洗剤をつけて洗い、よくすすいで水を切り、布巾で水分を拭き取る。

ワンポイントアドバイス

陶器（土もの）を使うときの注意点

●使いはじめ
新しい陶器の器は洗ってから鍋に入れ、かぶるくらいの水に塩ひとつかみを溶かして、中火で30分程煮沸します。このとき、米のとぎ汁で煮沸すると、土の目が埋まって汚れがしみにくくなります。

●土鍋の場合
使う前におかゆを炊くと、ごはんから糊《のり》状のでんぷん質が出てひび割れ防止に。また、ひびが出たらおかゆを炊けば、でんぷんが穴を埋めてくれます。

60 漆器を長持ちさせるお手入れ

tableware

**漆器は漆《うるし》の木から出る樹液を木の器に塗り重ねたもの。
極度の乾燥や湿気、急激な温度変化が苦手で、
陶器や磁器に比べて熱伝導がゆっくりで
保温性が高いのが特徴です。
それらを踏まえて、日々のお手入れをしましょう。**

ワンポイントアドバイス

漆器を使うときの注意点

●使いはじめ
新しい漆器は特有のにおいがあるので、昔は糠《ぬか》の中に2、3日入れていました。糠がなければ、ぬるま湯に食器用中性洗剤を溶かしてスポンジで洗っておきましょう。合成漆の食器は、温めた日本酒を布につけて拭きます。

●使い方
デリケートな素材ではあるけれど、お手入れは難しくありません。お正月だけでなく、普段使いの器として煮物や揚げ物を盛りつけてみましょう。

1. 油ものは紙などで拭き取る

油ものを入れた場合は、いらない布や新聞紙などの紙、ゴムべらなどで油分を拭き取っておく。

2. ぬるま湯で洗う

Point!
洗剤を使うなら少量に。長時間湯に浸けないこと。

自然乾燥よりも布巾で拭くほうがよい。

洗いおけにぬるま湯を溜めてスポンジ（P.96）で優しく洗う。すすいで水けを切ったら早めに布巾で拭く。

61 銀食器を長持ちさせるお手入れ

tableware

優しい光沢が魅力の銀の食器やカトラリー。しばらく使わないでいると硫化(P.55)して黒ずみが発生し、薄汚れたように見えてしまいます。なるべく頻繁に使うことが黒ずみ予防になります。

1. 洗剤で洗う

スポンジ（P.96）に食器用中性洗剤をつけて油汚れなどを完全に落とす。洗い残しは変色の原因に。

2. 黒ずみは歯磨き粉で磨く

Point!
塩の入った歯磨き粉は傷がつくのでNG。

黒ずんでいたら歯磨き粉で磨く。布を使ってこすると、細かいところまで汚れが落ちる。

3. すすいで乾かす

しっかりすすいだら水を切り、乾燥させる。乾いたら布巾でこするようにして拭く。

4. ラップで保管する

Point!
ポリエチレンのラップで包むと変色する恐れがあるので注意。

黒ずみ予防に、ポリ塩化ビニリデン素材のラップで包むか、チャックつきの密閉袋に入れて保管する。

62 tableware

こびりついた茶しぶの落とし方

お茶用の茶碗や急須《きゅうす》、コーヒーを淹《い》れるマグカップは、すぐに洗わないと茶しぶがついてしまいます。身近なもので落とすことができるので、気づいたらきれいにしておきましょう。

1. クレンザーと中性洗剤で洗う

粉末のクレンザー（研磨剤）に食器用中性洗剤を混ぜて、網たわし（P.96）で茶しぶをこする。

2. すすいで乾かす

洗剤が残らないように水でよくすすぎ、しっかりと乾かす。水が切れたら、布巾で拭く。

ワンポイントアドバイス

水筒や長いグラスなど手が届きにくい茶しぶは？

水筒などの、中に手が届きにくいものを洗う場合は、酸素系漂白剤（P.122）やセスキ炭酸ソーダをぬるま湯に溶かして、しばらく浸けておくとよいでしょう。ボーンチャイナなどの繊細な食器も同様にして落とします。やかんの水アカは、酢水を入れて15分程煮沸するときれいに取れます。

茶碗の糸底のお手入れは？

普段洗い忘れやすい糸底は、汚れが溜まりがちです。茶しぶと同様に、クレンザーに食器用中性洗剤を混ぜて、網たわし（P.96）や歯ブラシでこすりましょう。どうしても取れなければ、紙やすりで磨きます。

63 プラスチック容器にしみついたにおいの取り方

tableware

**食べ物を保存しておくのに便利な
プラスチック製の密閉容器。
プラスチックは傷がつきやすく、
においがしみ込みやすいため、洗い残しがあると
においが発生します。**

1. よく洗う

Point!
硬いスポンジで洗うと傷がつき汚れがつきやすくなるのでNG。
中性洗剤

やわらかいスポンジ（P.96）に食器用中性洗剤をつけ、ふたや容器のふちなど、洗い残しがないように洗う。

2. 塩素系漂白剤液に浸ける

塩素系漂白剤
Point!
ゴム手袋をつけて作業を。

洗いおけに水を張り、塩素系漂白剤を溶かしてプラスチック容器を１時間程度浸けておく。

3. よくすすぐ

漂白剤が残らないように、水でよくすすぐ。よく乾かしてから、布巾で水けを拭く。

ワンポイントアドバイス

大根おろしでもにおいが消える

プラスチック容器に大根おろしをひたひたに入れて、１時間以上置いておきます。大根に含まれるジアスターゼという酵素が雑菌を分解し、においが消えます。大根おろしは食べずに捨てましょう。

64 切れ味を復活させる洋包丁の研ぎ方

**洋包丁は濡れたまま放置すると、
においや汚れがついたり、
切れ味が悪くなったりします。洗ったらすぐに
布巾で水けを拭き取りましょう。
切れ味が悪くなったらメンテナンスを忘れずに。**

1. 砥石《といし》に水を含ませる

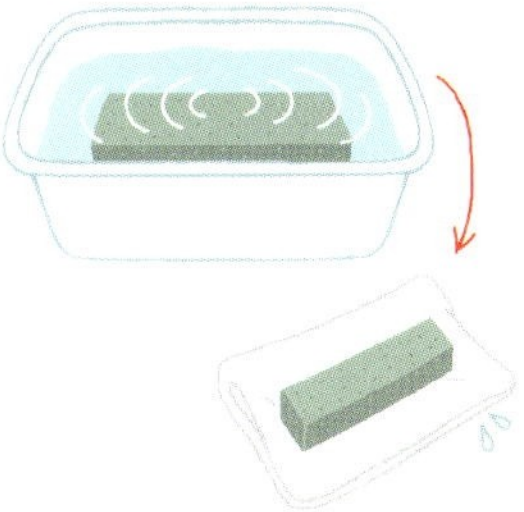

砥石は30分以上水に浸けて水を十分に含ませ、たたんだ濡れ布巾の上に置いておく。

2. 包丁の表を研《と》ぐ

Point!
刃もとから切っ先、または切っ先から刃もとまで４か所に分けて研ぐ。

包丁は砥石に対して50°（10円玉３枚分）に置く。

右手で柄を持ち、左の人差し指、中指、薬指は刃の上に添えて往復25回程動かす。

3. 包丁の裏を研ぐ

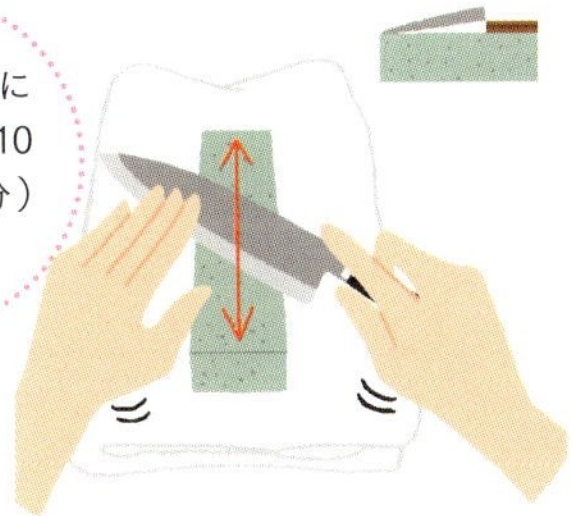

Point!
包丁は砥石に対して30°（10円玉２枚分）に置く。

裏返し、表と同様に刃もとから切っ先、または切っ先から刃もとまで４か所に分けて刃を往復させて研ぐ。

4. よくすすぐ

Point!
切れ味はトマトや食パンで試す。

流水で包丁をよくすすぎ、水けを切ったら布巾でしっかりと水分を拭き取る。

65 換気扇の日常のお手入れ

ventilating fan

**換気扇は料理のたびにつけるため、
油やほこりがこびりつき、汚れが溜まりやすい場所です。
悪臭や故障の原因になるので、フィルターの汚れは
週1回拭き取っておくとよいでしょう。**

1. ファイバークロスで全体を拭く

ファイバークロス（P.96）を水で軽く絞ってたたみ、小刻みに動かして換気扇フード全体の汚れを拭き取る。

2. フィルターを拭く

フィルターを取り外し、ファイバークロス（P.96）を細かく動かしながら、フィルターの汚れた面を拭く。

3. フィルターの裏面を拭く

同様に裏面を拭き、石けんで洗ったファイバークロス（P.96）を絞って両面を拭き上げ、乾かしてもとに戻す。

ワンポイントアドバイス

ファンのお手入れ

換気扇のファンは取り外して、お湯で薄めた食器用弱アルカリ性洗剤液※に浸けておき、汚れが緩んだら歯ブラシやたわしで刮《こそ》げ落としましょう。よくすすいで乾かし、水けを拭いて設置します。油汚れは夏のほうが落ちやすいので、年に1回夏に掃除しましょう。

※洗剤原液を水で薄めたもの。

66 ガスコンロの日常のお手入れ

cookware

ガスコンロは、ほぼ毎日使うため、汚れも溜まりがち。料理の後にさっとお湯で絞った台布巾でひと拭きするだけでも、汚れのつき具合はかなり違ってきます。

1. コンロまわりをお湯拭きする

コンロのまわりをお湯で絞った台布巾で拭く。使い終わったら早めに掃除すると汚れも取れやすい。

2. ゴトクと受け皿の汚れをこすり取る

ゴトクと受け皿は熱湯をかけて汚れを緩ませ、古スポンジや古網たわしでこすり、すすいで台布巾で拭く。

3. 硬めのスポンジで洗う

Point!
洗剤が残らないよう、仕上げに水で絞った台布巾でよく拭き上げること。

3〜4週間に1回は、スポンジ（P.96）の不織布部分に食器用中性洗剤液※をつけ、全体をこすり洗いする。

※洗剤原液を水で薄めたもの。

ワンポイントアドバイス

火がつきにくくなった場合はどうしたらよい？

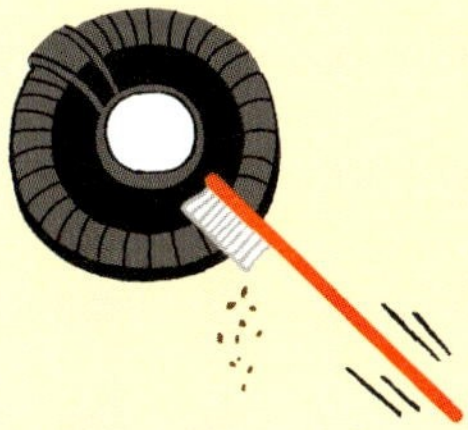

火がつきにくくなるのは、バーナーが汚れて目詰まりし、ガスが出にくくなるのが原因です。コンロが冷えてからバーナーキャップを取りはずし、裏面にこびりついた汚れを古歯ブラシでこすり落としましょう。水洗いして乾かしたらもとに戻します。

67 三角コーナー、排水口を清潔に保つお手入れ

**三角コーナーや排水口のにおいは、
食べ物のかすや油が腐敗したもの。
予防するには水けをなくし、よく乾かすことです。
どちらもゴミ箱ではないので、
かすを溜め込まないようにしましょう。**

排水口

1. ゴミを絞って捨てる

ゴミが溜まらないように、1日1回新聞紙などの上にゴミを取り出し、水けを絞って捨てる。

2. ぬめりを取る

Point! べたつくようならさらに食器用中性洗剤をつけた古スポンジで洗う。

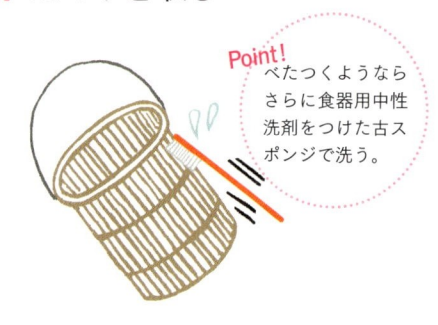

週に1回、ストレーナーを取り出し、熱湯をかけて歯ブラシで目詰まりやぬめりを取り、水でよくすすぐ。

三角コーナー

1. ゴミを絞って捨てる

1日1回溜まったゴミの水けをギュッと絞ってゴミ箱に捨てる。三角コーナーはゴミの一時置き場と心得て。

2. ぬめりを取る

週に1回、熱湯をかけて、古スポンジでぬめりを取るようにこすった後、水でよくすすぐ。

68 シンクを清潔に保つお手入れ

食べ物のかすや油汚れがつきやすいシンクは、毎日お手入れすることが大切。夕食後の食器洗いといっしょに掃除をする習慣をつけてきれいに保つように心がけましょう。

1. 全体をこする

Point!
硬いたわしでこするとステンレスに傷がつく。

古スポンジに食器用中性洗剤や液体のクレンザーをつけて全体をこすり洗いする。

2. よくすすぐ

水をかけてすすぐ。水をかけるのが難しい箇所は、台布巾やスポンジを濡らして絞り、洗剤の泡を拭き取る。

3. ふちや腰部分を拭き上げる

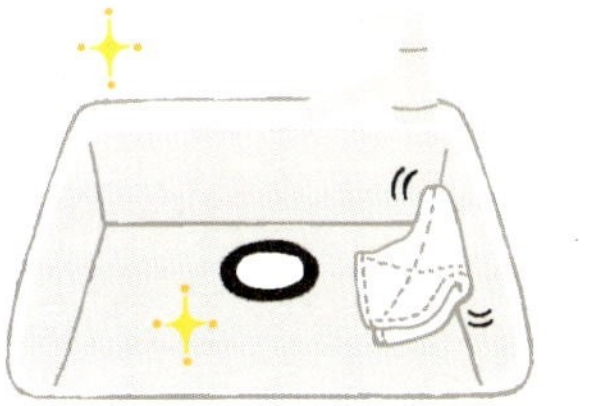

全体を乾いた台布巾でから拭きして水けを拭き取る。ふちや腰部分、水道の蛇口なども忘れずに。

ワンポイントアドバイス

くすみの落とし方

シンクがくすんできたら、やわらかい布に食器用中性洗剤液※を含ませ、皮膜を拭き取ります。蛇口のつけ根は歯ブラシでこするとよいでしょう。白い水アカはクレンザーに酢（P.122）を加えてこするとすぐ取れます。水で洗い流し、から拭きして仕上げます。

※洗剤原液を水で薄めたもの。

おすすめのキッチン用お手入れアイテム

食器や調理器具の洗いものに欠かせない、スポンジやたわしなどのキッチン用品。用途に合わせて使い分けましょう。

※写真は旭化成ホームプロダクツ製。著者私物。

※写真は著者私物。

茶しぶやコンロまわりの油汚れに

網たわし

スポンジでは落ちにくい、こびりついた汚れには網たわしがおすすめ。表面を傷つけずに隅々まで汚れを落とす。本書ではP.89などで使用。

※写真は内藤商店製。著者私物。

※写真は著者私物。

普段の洗いものに

スポンジ

スポンジは、食器から調理器具までほとんどのものに使える。3層構造タイプの不織布（ナイロン製）部分は表面を傷つけるおそれがあるので、プラスチックのものには使わない。本書ではP.78、P.79、P.86などで使用。

※写真はイメージ。

鉄製の鍋、フライパンに

ささら

洗剤を使わずに汚れを落とせる「ささら」は、洗剤を使うとさびやすくなる鉄製の鍋やフライパンに最適。素材は耐久性、弾力性があるシュロを使ったものがおすすめ。本書ではP.80などで使用。

換気扇フィルターの油汚れに

ファイバークロス

油やほこりでべとつきやすい換気扇フィルターは、ファイバークロスを使って拭く。表面の毛羽に汚れが吸着し、しっかり刮《こそ》げ取ることができる。本書ではP.92などで使用。

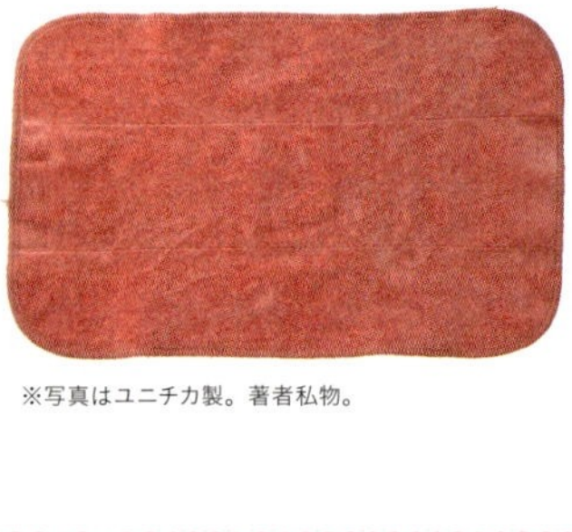

※写真はユニチカ製。著者私物。

頑固な焦げつきや油汚れに

スチールウールたわし

電子レンジやオーブントースターにこびりついた頑固な汚れは、スチール製のやわらかい繊維でできた、スチールウールたわしで落とす。本書ではP.110、P.111などで使用。

（写真提供／ダスキン）

chapter 4

家具・家電のお手入れ

家具を湿気や虫から守る方法や、家電をいつでも快適に使うための、日常的なメンテナンスの方法を集めました。長く、ときには一生ものとして買うこともあるからこそ、細やかに手をかけてあげることが大切です。

69

木製の家具の日常のお手入れ

furniture

**日常の汚れはほこりを払う程度で大丈夫ですが、
頻繁に買いかえることができないので
大切に扱いたいもの。
溶剤を乾燥させて表面を塗装するラッカー塗装は
光沢が美しい反面、熱に弱いので注意が必要です。**

1. から拭きする

タオルやマイクロファイバークロス(P.138)でこまめにから拭きする。取っ手など汚れやすい箇所を念入りに。

2. 手アカは洗剤拭きする

ぬるま湯に食器用中性洗剤を溶かし、タオルを浸して固く絞り、手アカなどの脂汚れを拭き取る。

3. 清め拭きする

ぬるま湯に浸したタオルを固く絞り、洗剤を拭き取る。その後、から拭きする。

ワンポイントアドバイス

直射日光は家具の大敵！ 劣化はもとに戻せないので気をつけて

家具は直射日光の当たるところ、冷暖房のそばなど温度差の激しいところ、湿気の多いところに設置すると、色があせたり、塗装がはがれたり、カビが生えたりすることがあります。このような劣化はもとに戻せないので、設置場所に気をつけましょう。

70 籐製の家具の日常のお手入れ

furniture

東南アジアなどのジャングルに自生する籐《とう》（ラタン）は、表面がつやのあるガラス質に覆われており丈夫な素材です。ただし水に弱いため、なるべく水拭きは避けましょう。

1. 編み目のほこりをはたく

はたき（P.138）や小さなブラシでほこりをたたき落とす。編み目にほこりが溜まりやすいので念入りに。

2. から拭きする

布でから拭きする。取れない汚れは、食器用中性洗剤液※を含ませた布で拭き取る。

※洗剤原液を水で薄めたもの。

3. 風通しをよくする

天然素材なので、湿気、乾燥、直射日光は避ける。特に、湿度の高い夏は換気に注意する。

ワンポイントアドバイス

籐の家具には避けられないささくれを予防する方法は？

籐は性質上ささくれができやすいため、使う前にワックスを塗り込み、乾いた布で磨いておきます。ささくれができそうな箇所に、透明のマニキュアや接着剤をつけておくと安心です。ささくれができたら、はさみやカッターナイフで切り取りましょう。

71

カーペットの日常のお手入れ

カーペットは毛足にほこりやゴミが
溜まりやすいので、普段から掃除機をしっかりかけて
汚れを溜め込まないことが大切です。
テーブルの下など飲食をする場所は
念入りにかけましょう。

日常のお手入れ

1. 掃除機を逆目にかける

Point!
使用前に掃除機をかけておけば、遊び毛も取れる。

掃除機（P.138）は毛並みと逆方向に、毛を起こすようにゆっくりかけて、毛足の中の汚れを取る。

2. 掃除機を目と直角にかける

Point!
粘着テープを使うと毛足に粘着質がつくので、なるべく使用頻度は少なめに。

最初に掃除機（P.138）をかけた方向と直角になるように十文字にかけ、中から出てきたゴミを吸い取る。

3. 湿気を飛ばす

Point!
ほこりも取れやすくなり、ダニ予防にもなる。

風通しのよい場所で陰干しし、湿気を飛ばす。干すのが難しければ、窓を開けて部屋に風を通す。

ワンポイントアドバイス

カーペットに家具を置くとできるへこみはどうする？

カーペットのへこみは毛が押しつぶされて寝ている状態なので、毛足を起こすと復活します。へこんだ部分に２～３cm離してスチームアイロンを２～３秒ほどじっくりとあてた後、ブラシなどで毛並みと逆方向にブラッシングして起毛させます。毛足が起きるまで何度か繰り返しましょう。

ワンポイントアドバイス

シミ・汚れのお手入れはどうすればよい？

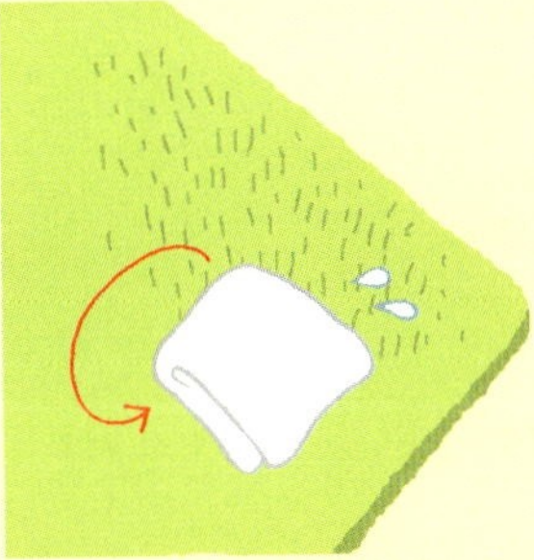

●水溶性の場合

水で固く絞った雑巾で汚れを拭き取りましょう。取れなければ多めの水でたたいて拭きぼかし、雑巾に汚れを吸着させます。最後に広めに水拭きし、汚れをなじませます。食器用中性洗剤液※を使ってもよいですが、最後に清め拭きを忘れずに。

※洗剤原液を水で薄めたもの。

●油性の場合

最初に乾いた雑巾で汚れを拭き取ってから、布にベンジンを含ませて油分を拭き取ります。ベンジンを揮《き》発《はつ》させた後、食器用中性洗剤液※で雑巾を固く絞って拭き取りましょう。洗剤が残ると変色の原因になるので、広めに清め拭きをして乾かします。

※洗剤原液を水で薄めたもの。

長期保管するとき

1. お湯拭きする

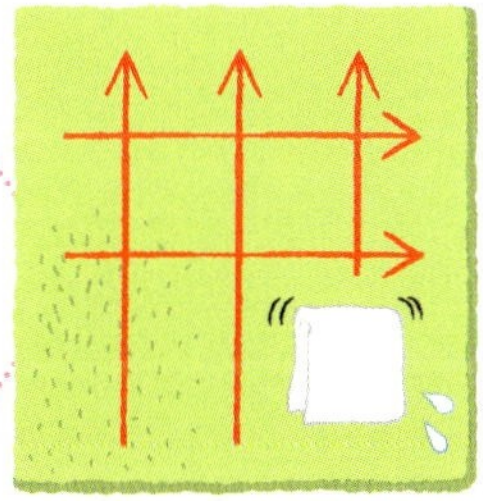

Point!
湿気は大敵なので、天気のよい日に行うこと。

普段と同様に掃除機（P.138）をかけた後、お湯で固く絞った雑巾で、掃除機と同様に十文字に拭く。

2. よく乾かす

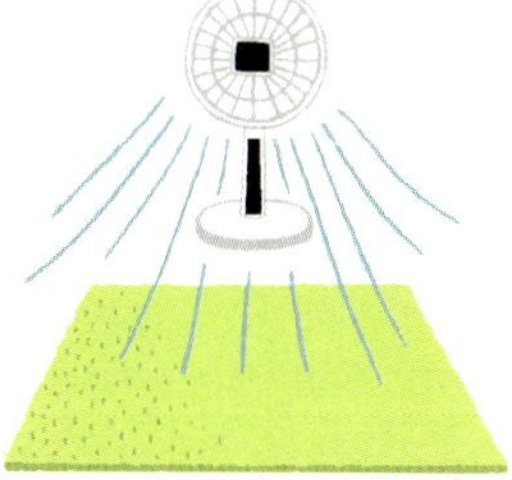

乾いた雑巾でから拭きした後、窓を開けて風を通し、よく乾かす。扇風機で風をあててもよい。

3. 丸めて収納する

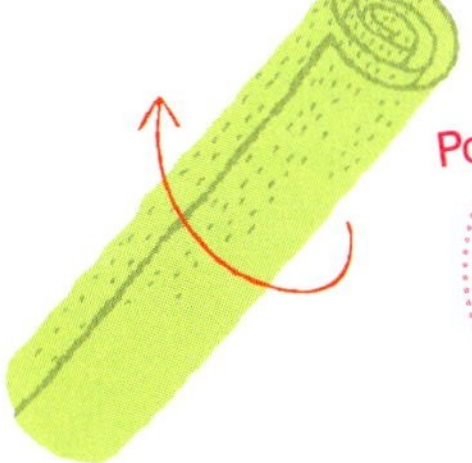

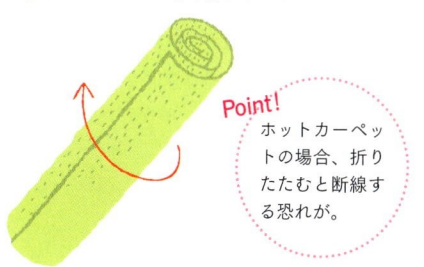

Point!
ホットカーペットの場合、折りたたむと断線する恐れが。

丸めてから、なるべく立てて収納する。次に使うときに違う向きに敷くと、毛並みが平均になり長持ちする。

72 布製のソファーの日常のお手入れ

それほど気にならないけれど、
意外とほこりが溜まっているのがソファー。
布製のソファーなら、週に1回、
部屋の掃除のついでに掃除機をかけておくだけで、
ソファーもきれいに保てます。

1. 掃除機をかける

ほこりを掃除機（P.138）で吸い取る。背もたれや座面にクッションがついている場合ははずして隅までかける。

2. 水拭きする

Point!
撥水《はっすい》スプレー（P.76）をかけておくと汚れ防止になる。

月に1回程度、水で固く絞った雑巾で全体を拭き、自然乾燥させる。食べこぼしも水拭きでOK。

3. 黒ずみはベンジン拭きする

Point!
ムラになりやすいので、拭きぼかす程度でOK。

皮脂がつくと黒ずむので、布に少量のベンジンを含ませて黒ずみを拭き取る。アーム部分は念入りに。

ワンポイントアドバイス

革ソファーのお手入れはどうしたらよい？

日常のお手入れは、から拭きだけで十分。アルコールやベンジンはシミになるので、絶対に使わないでください。汚れが取れなくても、皮革用クリーム（P.76）を塗り込んでつやを出し、革の経年を楽しみましょう。合皮のソファーの場合、経年によるひび割れは避けられません。同じ場所に座らない、カバーをかけて使うなどで対処します。

73 ベッドの日常のお手入れ

furniture

**毎日６時間前後使っているベッドは、
湿気が溜まり、不潔になりやすいもの。
人間は眠っている間に、
コップ１杯の汗をかいているといわれるため
ベッドパッドは必ず敷きましょう。**

1. マットレスに風を通す

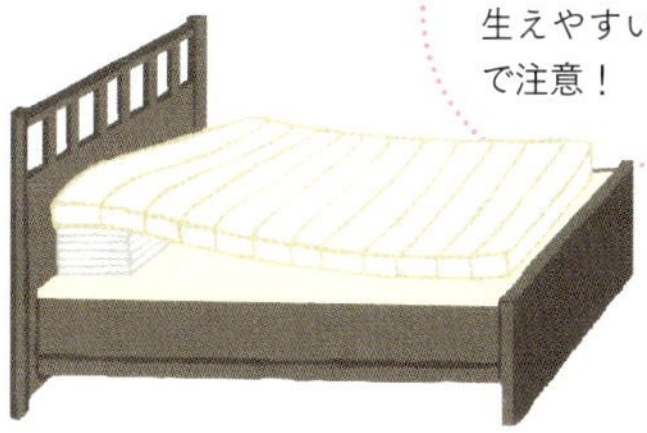

Point! マットレスの裏側はカビが生えやすいので注意！

月に１～２回程度、マットレスの隅を順番に持ち上げて、四隅に雑誌の束や缶などを置いて風を通す。

2. 掃除機をかける

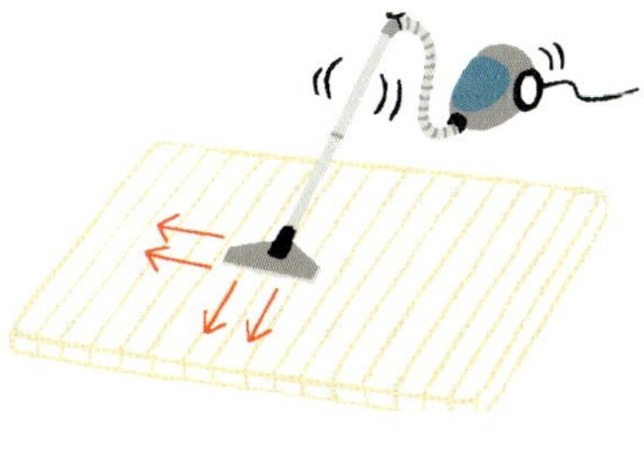

表面にほこりが溜まるので、部屋の掃除のついでに掃除機（P.138）をかける。たたくと傷むので注意する。

3. ベッドパッドを取りかえる

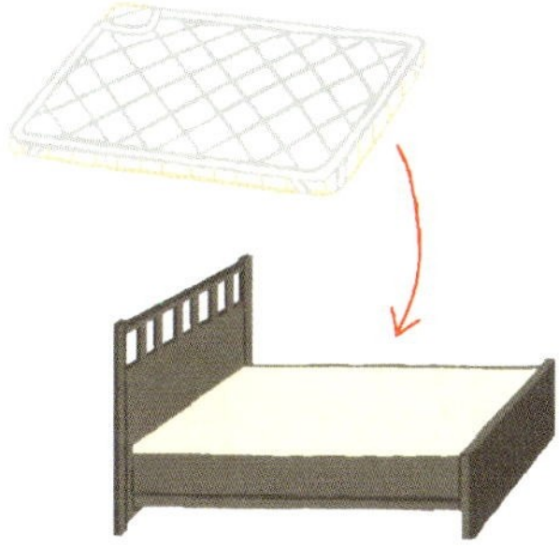

ベッドパッドはこまめに取りかえ、マットレスに汚れがつかないようにする。吸湿性のよい素材がおすすめ。

ワンポイントアドバイス

自分に合うマットレスを選んで長持ちさせましょう

睡眠は環境を整えることが大切なので、自分に合うマットレスを選びましょう。やわらかいマットレスに寝転ぶと胸とお尻の部分が重いためW字にへこみますが、人間工学的によい姿勢ではありません。W字にへこまない硬いマットレスがおすすめです。そういった意味では、畳に布団が最適な寝姿を実現できるといえます。

74 布団を清潔に保つお手入れ

布団は干して乾燥させると、ふっくらして
においがなくなり、ダニを予防することができます。
ただし、干し方を間違えると
布団の寿命を縮めてしまうので、
正しいお手入れを覚えましょう。

1. 布団に風を通す

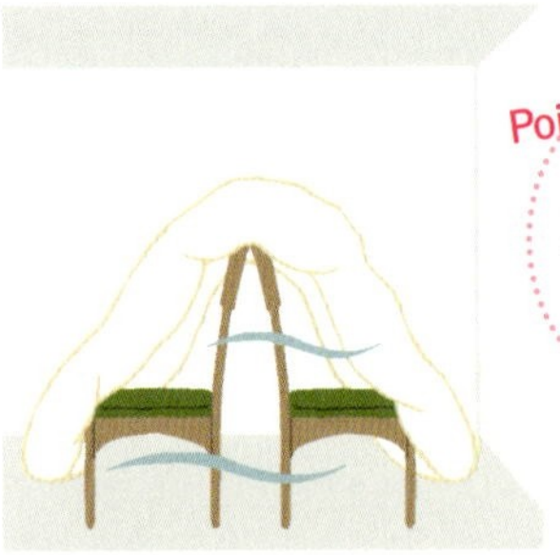

Point!
天日干しをする場合は、長時間干すと傷むことも。

窓を開け、椅子２脚を背中合わせにして置き、その上に布団を広げて風を通す。

2. 掃除機をかける

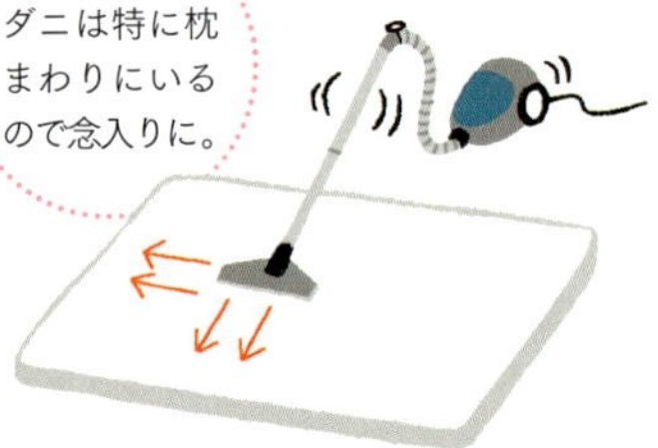

Point!
ダニは特に枕まわりにいるので念入りに。

掃除のついでに布団にも掃除機（P.138）をかけ、髪の毛やほこりのほか、中にひそむダニも吸い出す。

3. 洗えるものはときどき洗う

Point!
羽毛は洗うと羽がかたよるので、洗うのはNG。

ポリエステルと綿の混紡など、丸洗いできるものは、半年に１回程度洗濯機で洗う。

※数字は、洗濯機に水を溜めてから入れる順番を示す。

ワンポイントアドバイス

ほこりが気になっても布団をたたくのはNG

布団をたたくとほこりが出ますが、実はこれは中の繊維をちぎっているだけで労力のムダです。逆に、中身を傷めてしまうので布団はたたかずに、ほこりが気になるなら掃除機（P.138）をかけるだけにしましょう。

75 エアコンの日常のお手入れ

appliance

**エアコンは吸い込み口についている
フィルターのおかげで、
中にほこりが入らないようになっています。
フィルターにほこりが溜まると空気を
吸い込めず、電気代がかかるので注意しましょう。**

1. フィルターに掃除機をかける

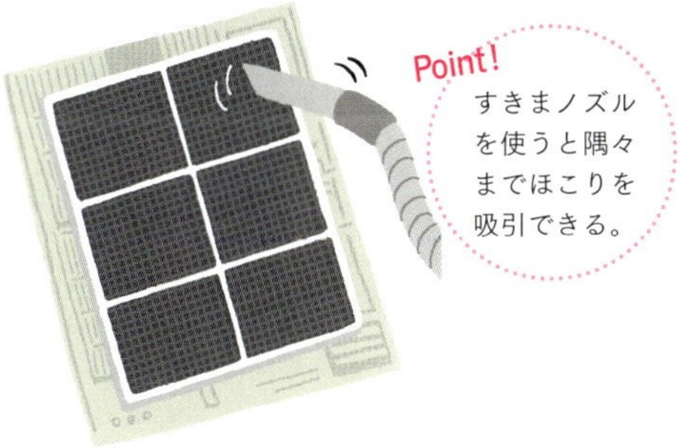
Point!
すきまノズルを使うと隅々までほこりを吸引できる。

フィルターをはずして紙の上に置き、掃除機（P.138）をかける。週に1回程度かけておくと、目詰まりしない。

2. 全体をから拭きする

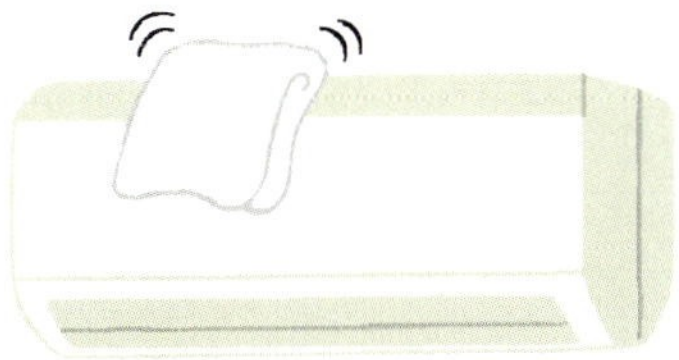

雑巾で全体をから拭きする。風の吹き出し口のルーバー（スイッチを入れると動く部分）もしっかり拭く。

ワンポイントアドバイス

機能に振り回されないで、自分でお手入れを

自動でエアコンのほこりを掃除してくれる機能がついているエアコンがありますが、掃除できない箇所があったり、間違った使い方をすると結局カビが生えたりすることがあります。機能に頼らずに、こまめに掃除機（P.138）をかけ、から拭きするようにしましょう。ほこりは運転しなければ溜まらないので、使用しない期間はお手入れする必要はありません。

こまめに
CHECK!

76 冷蔵庫の日常のお手入れ

appliance

冷蔵庫内のおもな汚れは、野菜のくずや泥、
腐敗、調味料の液だれなどです。
一方、冷蔵庫の外側は油はねや手アカ、
ほこりなどが付着しているので、
汚れが落ちにくければ
食器用中性洗剤を使いましょう。

1. 庫内はお湯拭きする

Point! はずせる棚は、はずして洗う。

汚れを見つけたら、そのつどお湯で固く絞った台布巾で拭く。こびりつきには熱めのお湯で対処する。

2. 外側は洗剤拭きする

食器用中性洗剤をお湯に溶かし、台布巾を浸して固く絞り、外側を拭く。その後清め拭きする。

3. エタノールで殺菌する

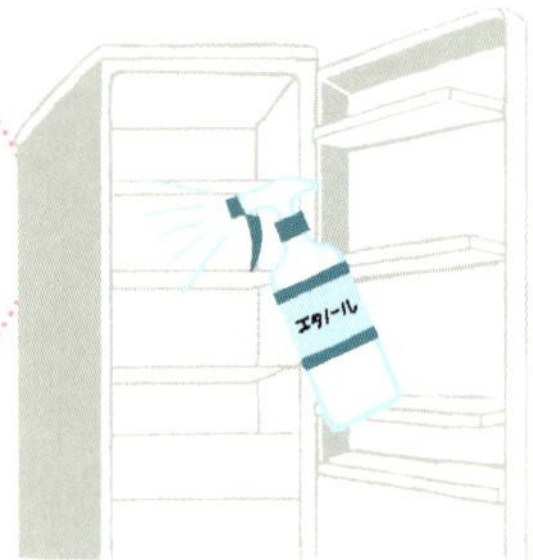

Point! ドアやゴムパッキンも消毒用エタノールで拭く。

消毒用エタノール（P.122）をスプレー容器に入れてスプレーしたり、台布巾に含ませて拭くと殺菌できる。

ワンポイントアドバイス

冷凍庫のお手入れ

中のものを出さないといけないので、お手入れは冬が最適です。熱めのお湯に台布巾を浸して絞り、汚れを拭き取りましょう。霜が取れなければ、へらなどでこすり落とします。

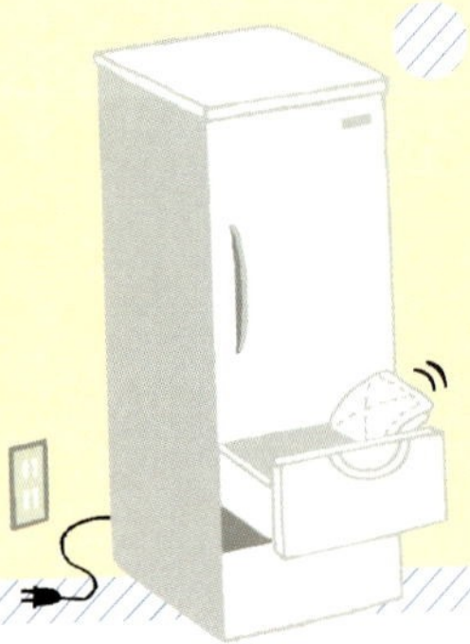

column

家電の寿命を延ばす方法

流行りの少ない家電は、１回購入したらできるだけ長く使いたいもの。
取り扱い説明書をよく読み、仕様を守るのが長持ちの秘訣《ひけつ》です。

テクニック1

乱暴に扱わない

家電は精密機械なので、乱暴に扱うと故障の原因に。扉はゆっくり開け閉めするなど、ていねいに扱う。必要以上にスイッチの入・切や操作の切りかえを繰り返さないようにも注意する。

テクニック2

熱気の逃げ口をつくる

家電はスイッチを入れると熱を発散するため、熱気が溜まりやすい。冷蔵庫などスイッチを入れっぱなしのものは、まわりにすきまをつくり、熱気が溜まらないようにする。

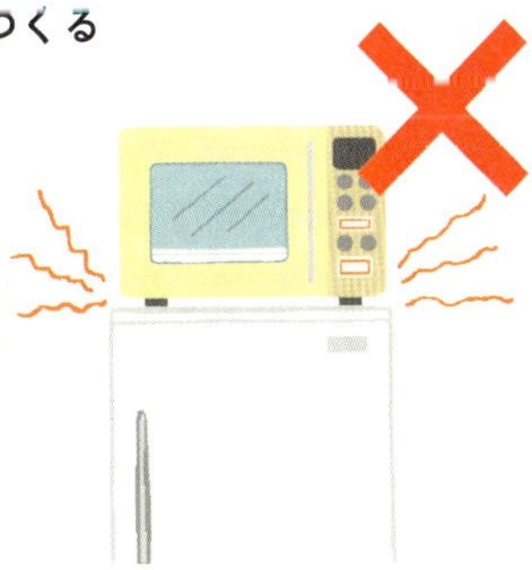

テクニック3

ほこりを溜め込まない

ほこりは家電の内側に入り込みやすく、故障の原因につながる。乾いた布でこまめにほこりを払っておくと長持ちする。

テクニック4

定期的に電源を入れる

客間のエアコンやビデオカメラなど、頻繁に使用しない家電は、放っておくと動かなくなることも。定期的に電源を入れ、電気の道を確保すると、内部のモーターなどを正常に保つことができる。

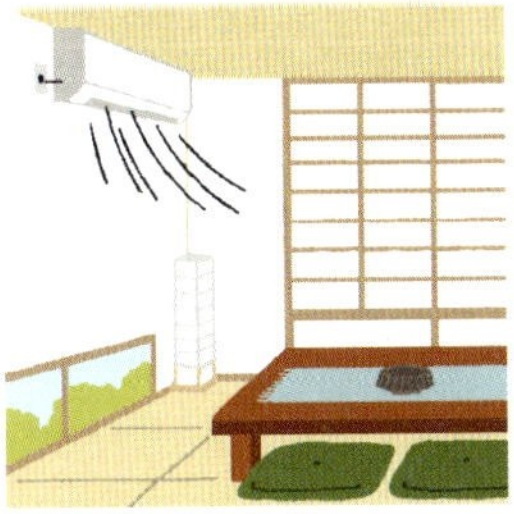

77 洗濯機の日常のお手入れ

洗濯機は使用後も水けが残るため、カビが生えてにおいが発生しやすいもの。普段から水けを拭き取り、乾燥させておくことがカビとにおい予防になります。

1. 洗濯槽《そう》を拭く

乾いた布で洗濯機の外側、内側を拭いて水けを取る。手アカがつきやすいタッチパネルまわりは念入りに。

2. ふたを開けておく

Point!
開けたままにするとほこりが入るので注意。

使用後はふたを閉めずに、しばらく開けたままにして、風を通す。1～2時間したら閉める。

ワンポイントアドバイス

カビの予防と取り方

カビは洗剤が残っているところに発生しやすいので、粉末の洗剤はよく溶かしましょう。最初に洗濯物を入れるのではなく、水を溜め（①）、洗剤を入れて溶かし（②）、洗濯物を入れます（③）。

カビが生えたら、高水位まで水またはお湯を溜め、食器用中性洗剤と、酸素系漂白剤（P.122）を水に溶かしたものを200mℓずつ入れて、洗濯機を10分間回します。一時停止にして15分以上置き、再度動かしてすすぎにするとカビが取れます。

78 掃除機の日常のお手入れ

appliance

掃除機（P.138）は吸引口のノズルに髪の毛や糸くず、粘着性のゴミが付着すると、ブラシが回転しにくくなります。1か月に1度は吸引口の汚れをチェックしましょう。

1. から拭きする

全体を雑巾でから拭きする。ほこりが飛び散りやすい集塵《しゅうじん》袋のまわりは、汚れやすいので念入りに。

2. 吸引口の汚れを取る

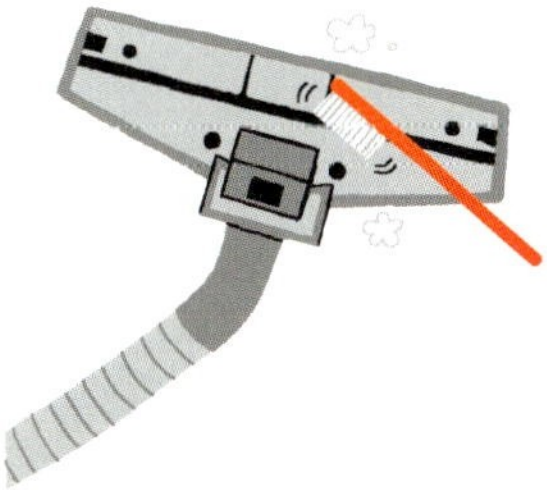

吸引口をはずして歯ブラシなどで髪の毛やほこりを取り、洗えるものは水で洗う。

3. 絡みついた髪ははさみで切る

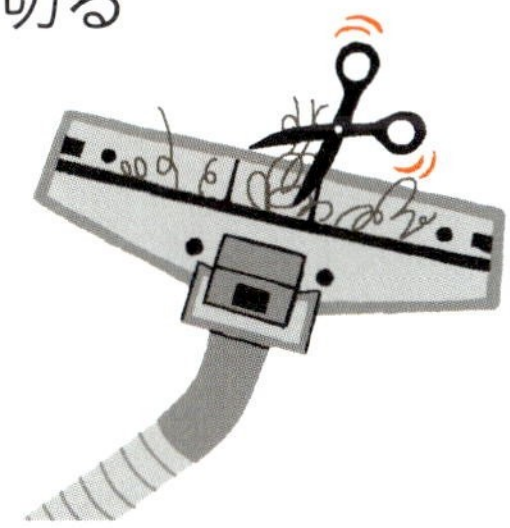

吸引口に絡みついて取れない髪の毛やほこりは、はさみで切ってから手で取る。

4. フィルターは歯ブラシを使う

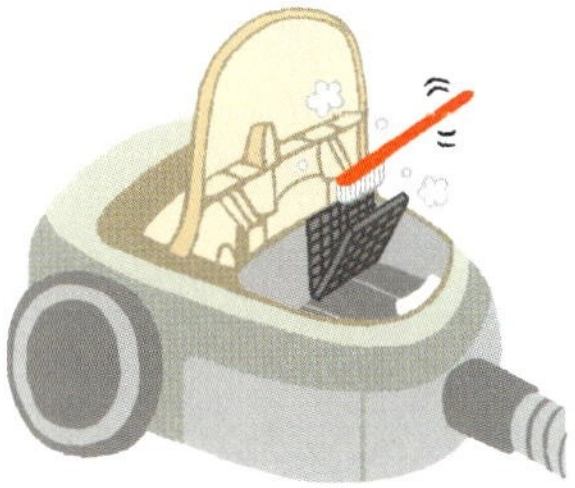

フィルターがある場合は歯ブラシで汚れをかき出す。掃除機がもう1台あれば、汚れを吸い取ってもよい。

79 電子レンジの日常のお手入れ

appliance

**電子レンジで食べ物を加熱すると、
汁や調味料を含んだ水蒸気が充満します。
そのまま放っておくと、
汚れがこびりついて取りづらくなるので、
使用後のお手入れが一番大切です。**

1. 温かいうちに水拭きする

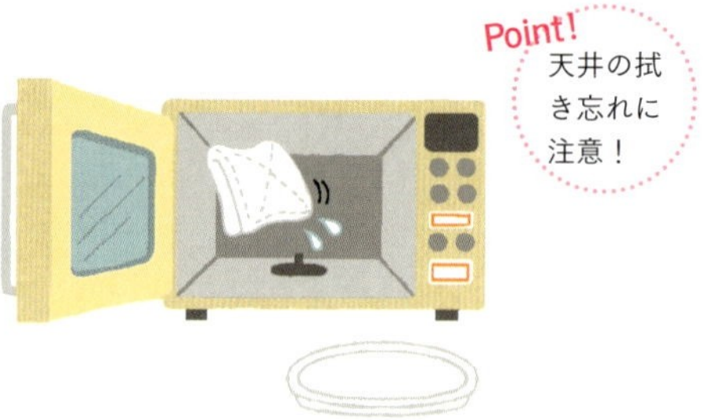

使い終わったら、庫内が温かいうちに、水で絞った台布巾で、内側と外側をしっかり拭く。

2. 台布巾を濡らし3分加熱する

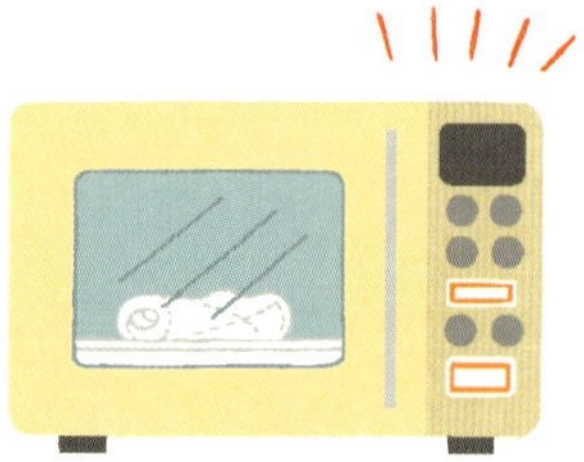

汚れや油が取れない場合は、台布巾を水で濡らして庫内に置き、2～3分程加熱する。

3. 冷ました台布巾で拭く

熱々の台布巾をしばらく冷まし、庫内の汚れを拭き取る。最後に前面の扉を拭くのも忘れずに。

ワンポイントアドバイス

**頑固な汚れは
スチールウールたわしでオフ！**

こびりついた頑固な汚れは、取れなければスチールウールたわし（P.96）をちぎって拭いてみてください。細かい繊維状になっているため傷がつく心配はありません。汚れが取れたら、濡れ布巾で拭き取りましょう。

80 オーブントースターの日常のお手入れ

appliance

気づかないうちにパンくずなど、
食べ物のかすが溜まるオーブントースター。
焼き網や受け皿をそのままにしておくと、
庫内のにおいが食べ物に移ることも。
1か月に1度は点検しましょう。

1. 受け皿のくずを捨てる

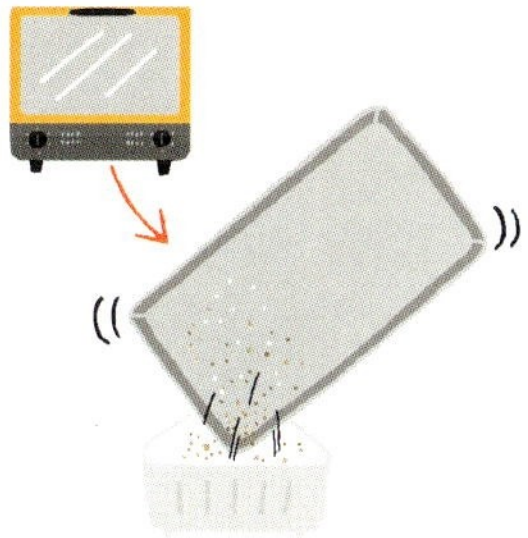

受け皿にくずが溜まるので、月に1回程度は受け皿をはずし、くずを捨てて洗う。

2. こびりつきは割り箸でこする

受け皿の汚れがこびりついて取れない場合は、割り箸やスチールウールたわし(P.96)を濡らしてこすり取る。

3. 焼き網をお湯拭きする

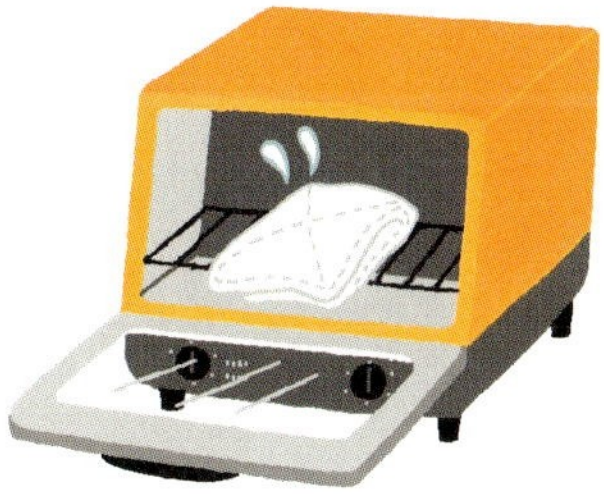

網は、使用後温かいうちに台布巾でお湯拭きする。取れない汚れは食器用中性洗剤液※に浸けてから洗う。

※洗剤原液を水で薄めたもの。

ワンポイントアドバイス

アルミホイルを敷いてお掃除を簡単に

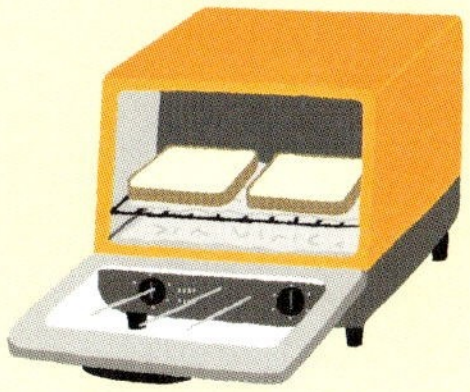

底の受け皿にアルミホイルを敷いておくと、お手入れもホイルを取りかえるだけで簡単です。網の上にもアルミホイルを敷いて使うとさらに安心です。

81 コーヒーメーカーの日常のお手入れ

appliance

**汚れが溜まるとコーヒーの味も落ちてしまいます。
普段はフィルターやタンクを
取りはずして洗います。
内部のパイプに水アカやミネラル成分が
付着するので、定期的に洗浄しましょう。**

日常のお手入れ

1. フィルターを洗う

フィルターを取りはずして、スポンジ（P.96）に食器用中性洗剤をつけて洗う。よくすすいで乾かす。

2. 水タンクを洗う

水を入れるタンクは取りはずして、**1**と同様にして洗い、よくすすいで乾かす。

定期的なお手入れ

1. 水タンクに水と酢を入れる

Point!
酢が水アカを分解してくれる。

水タンクに水を入れたら、大さじ2杯くらいの酢（P.122）を加えてよくかき混ぜる。

2. ドリップして内部のパイプを洗う

Point!
においが取れなければ2～3回繰り返す。

コーヒーの粉を入れずにそのままドリップする。その後、酢のにおいを取るために水だけでドリップする。

82 ポットの日常のお手入れ

appliance

水を入れているだけだからきれいだと
思われるかもしれませんが、
きちんとお手入れしないと
水に含まれるカルシウムが付着します。
酢で水アカを取りのぞきましょう。

1. 水と酢を中に入れる

ポットに水を満水手前まで入れ、酢(P.122) を大さじ 1 ～ 2 杯入れる。酢で水アカやミネラルが分解される。

2. お湯を沸かす

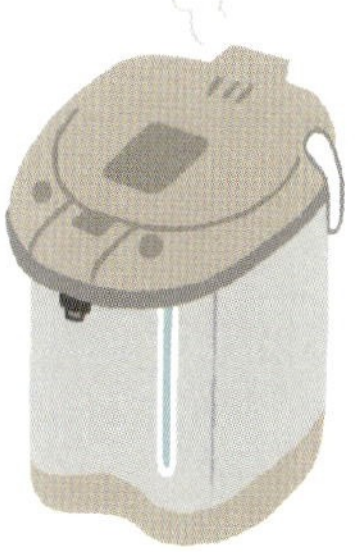

スイッチを入れてお湯を沸かす。満水以上入れると、吹き出してやけどするので厳禁。

3. お湯を捨てる

沸騰したらお湯を捨て、中に残った汚れを拭き取る。汚れが取れていなければ、1、2 を繰り返す。

4. 水を入れて流し、すすぐ

Point! すすぎにくいので、洗剤は使わない。

最後に満水まで水を入れ、給湯ボタンを押して排出する。これを 2 ～ 3 回繰り返す。

83

ドライヤーの日常のお手入れ

appliance

ドライヤーをお手入れすることは
あまりないかもしれませんが、
送風口にほこりが溜まると温風が出にくくなったり、
発火する可能性があります。
手アカがつきやすい持ち手もお手入れが必要です。

1. 持ち手を歯ブラシでこする

歯ブラシに食器用中性洗剤液※をつけて、持ち手をこする。滑り止めの部分は黒ずみやすいので念入りに。

※洗剤原液を水で薄めたもの。

2. 清め拭きして、から拭きする

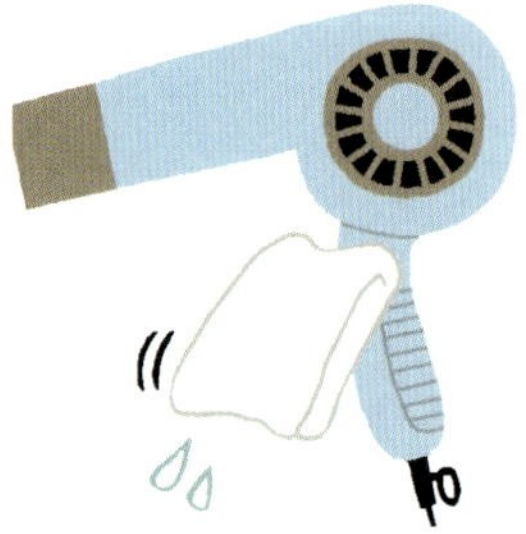

持ち手を濡らしたタオル等で清め拭きしたら、全体を水拭きし、乾いた布で水けを拭き取る。

3. 歯ブラシでほこりをかき出す

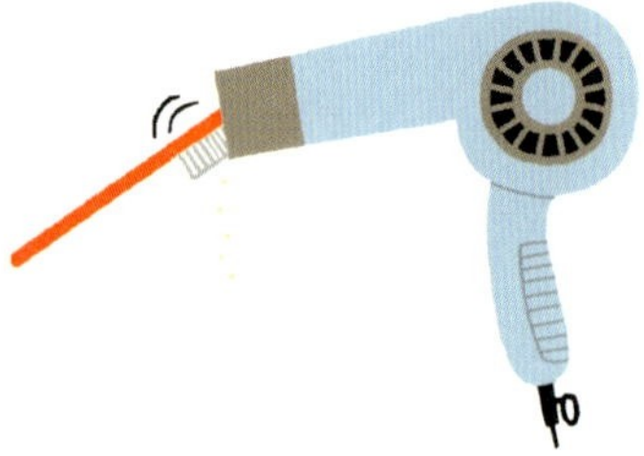

Point!
イオンドライヤーの場合、イオン発生ユニットのほこりも歯ブラシで取る。

吸い込み口や吹き出し口についたほこりや細かいゴミは、歯ブラシでかき出す。

ワンポイントアドバイス

ブラシつきドライヤーのお手入れは？

ブラシつきのドライヤーは、絡まった髪の毛を取り、根もとを歯ブラシでこすります。整髪料などでほこりが付着している場合は、お湯に浸した布を割り箸や竹串に巻きつけて汚れを拭き取ります。

84 ヘアアイロンの日常のお手入れ

appliance

いろいろなヘアスタイルを楽しめる
ヘアアイロンは、アイロン面に整髪料がつき、
ほこりが付着します。
お手入れをしないと、髪の毛にもほこりがつくので
気をつけましょう。

1. アイロン部分を洗剤拭きする

整髪料がつきやすいアイロン部分は、食器用中性洗剤液※を含ませた布で汚れを拭き取る。
※洗剤原液を水で薄めたもの。

2. アイロン部分を清め拭きする

洗剤が残らないように、水で濡らしたタオル等で清め拭きする。一度で取れなければ何回か繰り返す。

3. 持ち手を歯ブラシでこする

歯ブラシに食器用中性洗剤液※をつけて持ち手をこすり、手アカや皮脂汚れを落とし、清め拭きする。
※洗剤原液を水で薄めたもの。

4. 水拭きして、から拭きする

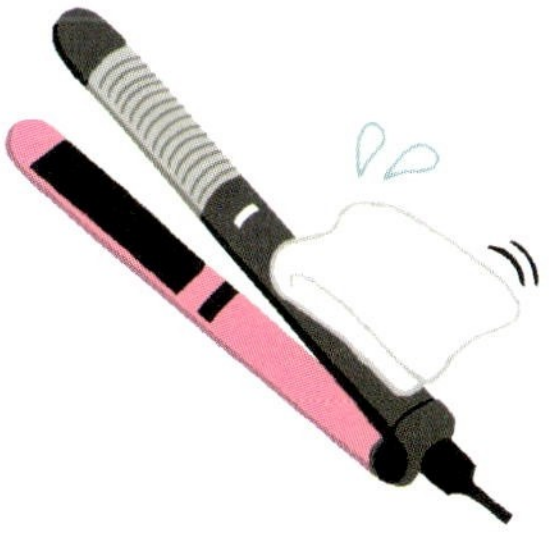

水で固く絞ったタオル等で全体を拭き、乾いた布でしっかりと水けを拭き取る。

85 パソコンを傷めないお手入れ

appliance

ほこりや手アカがつきやすいパソコン。食べながら作業する人は食べ物のかすが付着していることもあります。水けに弱いので、濡れ布巾で拭く場合はしっかり水けを絞ることが大切です。

1. 電源を切る

誤作動が起きないように、本体や周辺機器の電源を切り、電源プラグも抜いておく。

2. ディスプレイを拭く

Point!
化学雑巾や水拭きは画面を傷つける恐れがあるためNG！

マイクロファイバークロス（P.138）や、乾いたＯＡクリーニング用のクロスで汚れを拭き取る。

3. キーボードのすきまのほこりを取る

毛先のやわらかい筆や刷毛《はけ》でキーとキーの間のほこりを払う。掃除機で吸うのは故障につながるのでNG！

4. マウスの汚れを落とす

Point!
裏面のお手入れも忘れずに。

食器用中性洗剤液※を布に含ませ、汚れを拭き取り、水を固く絞った布で清め拭きする。

※洗剤原液を水で薄めたもの。

86 布団を清潔に保つ収納の仕方

長期間保管するときはダニや虫喰いが気になります。心配なら裏表によく風をあて、害虫の棲息できない環境をつくります。直射日光をあてると傷むので、日に干すときはカバーをつけましょう。

1. 掃除機をかける

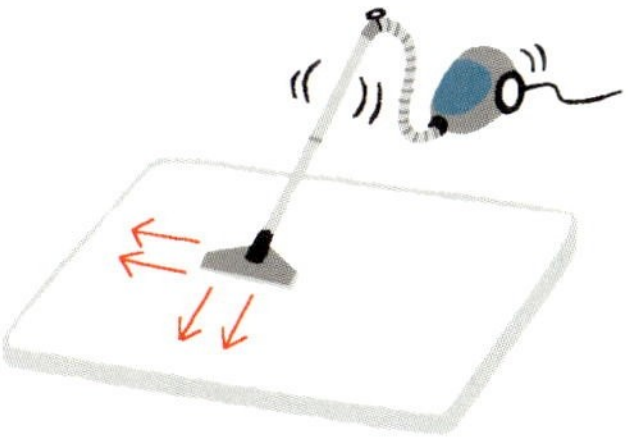

ダニや虫がいると中の羽毛や綿を喰べることがあるので、収納する前に掃除機（P.138）をかけておく。

2. 丸めて収納する

Point!
防虫剤は特に必要ない。

布団を丸めて布団袋に入れ、なるべく立てて収納する。圧縮袋に収納しても問題ない。

3. 押し入れは換気する

Point!
押し入れの湿気取りは不要。

押し入れは閉めると湿気がこもるので、ときどき開けて換気する。風がなければ扇風機をあててもOK。

ワンポイントアドバイス

布団はできるだけ押し入れの上に収納する

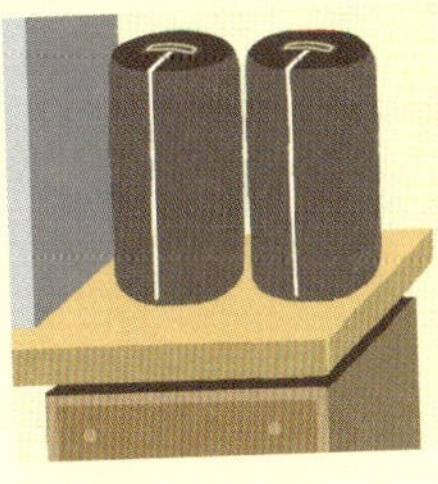

押し入れは上段、下段に分かれていますが、収納するものをどのように分けていますか？　湿気は下に溜まりやすいので、上段に湿気に弱いものを、下段に湿気に強いものを収納するのが鉄則です。布団は湿気に弱いので、できるだけ上段に収納しましょう。

87

扇風機のシーズン後のお手入れ

appliance

**夏の間に活躍する扇風機は、
正しく使ってお手入れすれば故障もなく、
買いかえる必要がないほどです。
シーズンが終わったら、きれいにしてあげてから
収納しましょう。**

1. ガードと羽根をはずす

スイッチを切り、コンセントを抜き、ガードや羽根などはずせる部品をはずす。

2. ガードと羽を水拭きする

ガードと羽を水拭きする。ガードの細かい部分のほこりは、歯ブラシでこすり洗いし、から拭きして乾かす。

3. 全体をから拭きする

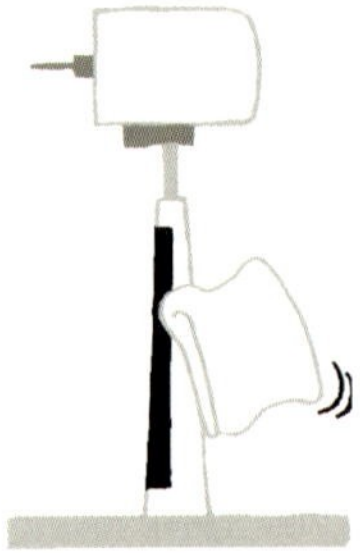

モーター部分はから拭きする。本体や手アカの溜まりやすいスイッチは水拭きした後、から拭きする。

4. カバーをかけて収納する

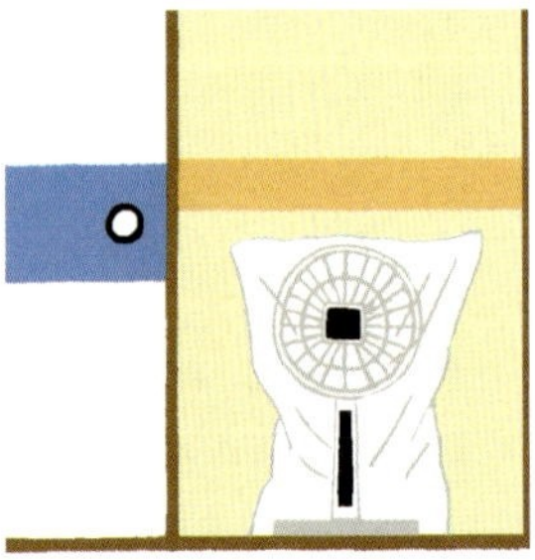

羽根とガードを取りつけ、ビニール製のゴミ袋など、カバーをかけてほこりを予防してから収納する。

88 電気ストーブのシーズン後のお手入れ

appliance

ほこりが電熱線や反射板についたままにしていると、
暖房効率が下がったり、ほこりが焦げて
においが発生したりします。
シーズン中も定期的に
から拭きしておきましょう。

1. 外をから拭きする

外側を布やマイクロファイバークロス（P.138）でから拭きして、ほこりや汚れを取る。

2. 中をから拭きする

ガードがはずせるものははずし、中もから拭きして、溜まったほこりや汚れを取る。

3. フィルターのほこりを取る

Point!
すきまノズルを使うと隅々まで汚れを吸引できる。

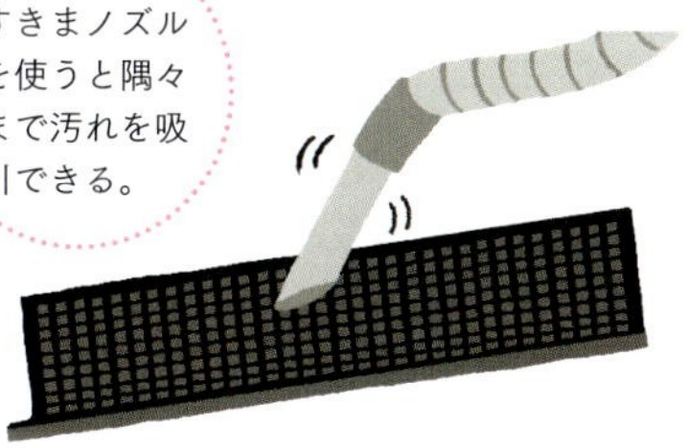

フィルターつきのものはフィルターをはずし、掃除機（P.138）でほこりを吸い取り、水拭きして乾燥させる。

4. カバーをかけて収納する

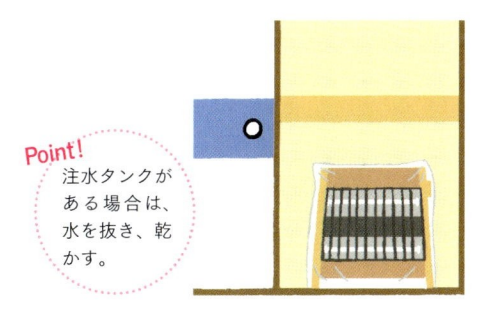

Point!
注水タンクがある場合は、水を抜き、乾かす。

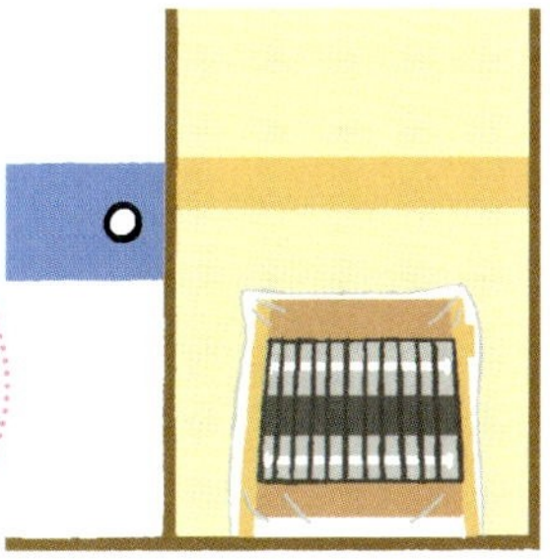

ガードやフィルターを取りつけ、ビニール製のゴミ袋など、カバーをかけてほこりを予防してから収納する。

89 家具の傷を目立たなくするお手入れ

furniture

生活しているうちに、家具に傷がつくのは
自然のことです。少々の傷であれば味わいになりますが、
目立って気になる場合は
簡単なお手入れで目立たなくしましょう。

表面の傷

1. 同色のクレヨンを塗り込む

家具と同色の補修用クレヨンを傷の部分に塗り込む。補修用クレヨンはホームセンター等で購入可能。

2. から拭きでなじませる

乾いた布でから拭きする。こうすることでクレヨンがぼけてまわりの色となじむ。

塗装はがれ

透明ワックスを塗る

Point!
はがれた部分が広ければ、市販のワックスはがしで塗装をはがしてから行う。

塗装がはがれた箇所に透明ワックスを塗り、表面をふくらませてはがれを目立たなくする。

ワンポイントアドバイス

熱いものの跡を目立たなくする方法

テーブルなどに熱い鍋を置くと、白く変色することがあります。完全に消すことはできませんが、目立たなくすることはできます。布に湿っているか分からない程度の消毒用エタノール（P.122）をつけ、跡になった部分を拭きぼかすとよいでしょう。大量につけると塗装が溶けてさらに目立ってしまうので注意します。

90 硬くなった引き出しの直し方

家具が水平に置かれていないために木がねじれたり、
湿気が多いと木が膨張したりして、
引き出しが硬くなってしまいます。
風通しのよい場所で乾燥させてから、
適切にお手入れしましょう。

1. シリコンスプレーを布につける

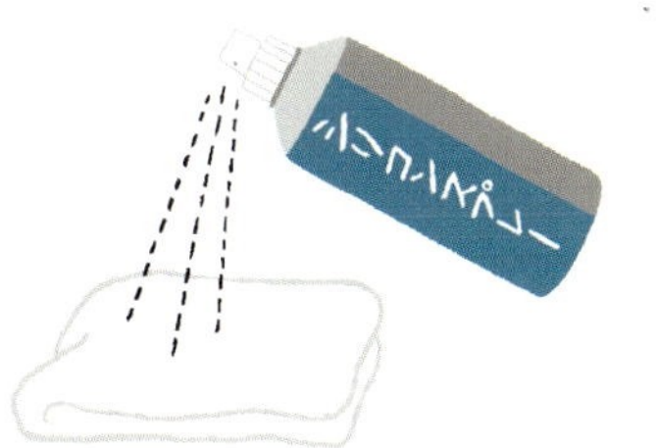

シリコンスプレーを乾いた布につける。ろうそくのろうは固着しやすいので使わない。

2. 硬い部分を布で拭く

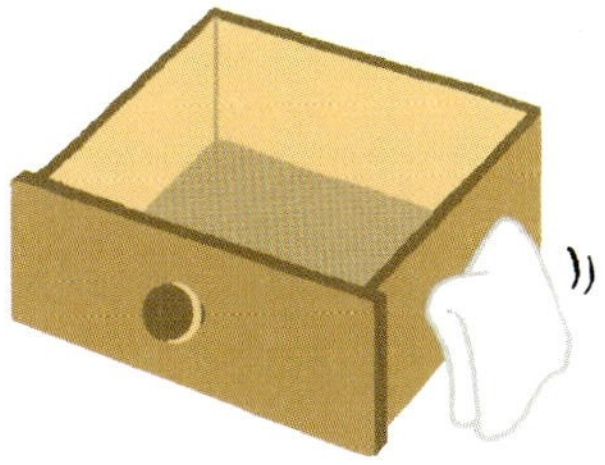

本体と引き出しが擦れ合う部分を1で拭く。シリコンが表面に皮膜を形成し、滑りがよくなる。

ワンポイントアドバイス

湿度が高い時期は湿気とカビに気をつけましょう

湿気が多くなると木製の家具は膨張し、カビが生えやすくなります。湿度が高い梅雨時期だけでなく、冬も暖房や結露で部分的に湿度が高くなるので注意が必要です。カビや膨張を防ぐために、普段から晴れた日は窓を開けて、部屋に風を通しておきましょう。特に膨張は、湿気をよく飛ばすと収まることがあります。シリコンスプレーがなければ、引き出し部分だけを1日外で陰干しして、乾燥させてみるとよいでしょう。

おすすめのお手入れ補助アイテム

クエン酸や酢、酸素系漂白剤など、お手入れを助けてくれるアイテムを紹介します。
こすったり拭いたりするだけでは対処できない汚れに使いましょう。

コーヒーメーカーや
ポットの洗浄に

酢

コーヒーメーカーやポットの内側に付着した水アカをおとすには、酢を使うと効果的。水アカに含まれるカルシウムやミネラル成分が、酢によって分解される。本書ではP.112、P.113などで使用。

※写真はイメージ。

（写真提供／丹羽久）

水まわりの水アカに

クエン酸

鏡のくもった部分など、水まわりにたまった水アカは、クエン酸を溶かしたクエン酸溶液を使うとよい。本書ではP.149などで使用。

（写真提供／シャボン玉石けん）

洗濯槽《そう》の黒カビや
茶しぶなど頑固な汚れに

酸素系漂白剤

衣類の漂白に使う酸素系漂白剤は、洗濯槽の黒カビや食器の茶しぶなど、頑固な汚れを落とすのに便利。本書ではP.89、P.108などで使用。

冷蔵庫の殺菌、
消毒に

消毒用エタノール

食品が集まり、菌が繁殖しやすい冷蔵庫内は、消毒用エタノールをスプレーするか、布に含ませて拭くと、殺菌、消毒になる。本書ではP.106などで使用。

（写真提供／健栄製薬）

chapter 5

住居のお手入れ

壁や床、カーテンなど、汚れが溜まりやすい場所をきれいにすると、部屋の印象が変わります。年末の大掃除だけといわず、日常的にお手入れしましょう。ドアのきしみなど、気になったときに自分でできる補修も紹介します。

91 畳の日常のお手入れ

日常のお手入れは、
ほうきで掃くだけで充分です。
畳に湿気は大敵なので、水拭きをした後はもちろん、
常に風通しをよくしておくことが
長持ちの秘訣《ひけつ》です。

1. ほうきで掃く

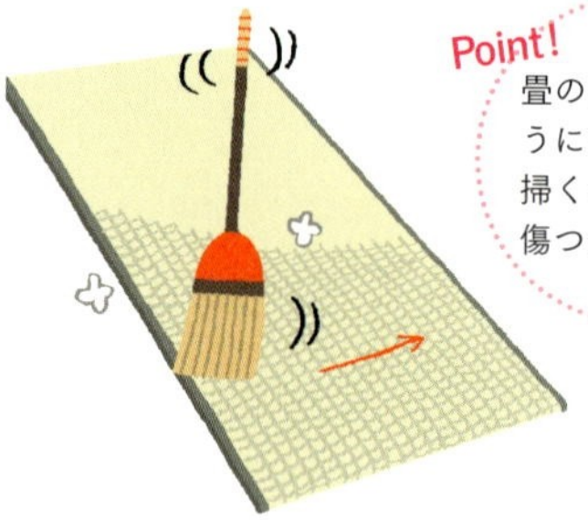

Point!
畳の目に沿うようにゆっくりと掃くと、表面が傷つかない。

定期的に、ほうき（P.138）で畳全体を掃く。ほこりやゴミが溜まりやすい、へりのすきまは念入りに。

2. 汚れは水拭きする

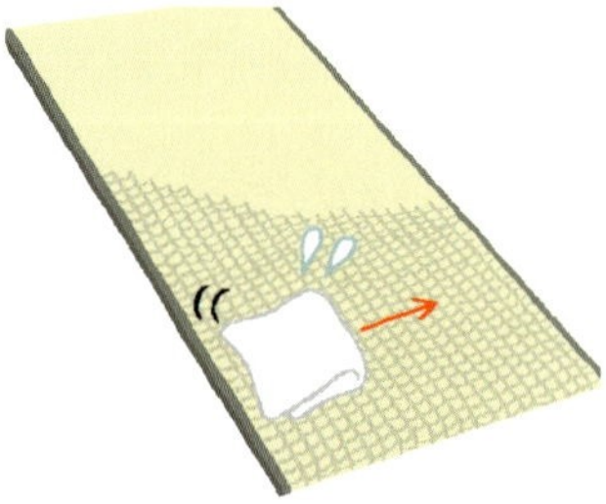

気になる汚れは、水で固く絞った雑巾で、畳の目に沿うように水拭きしていき、落とす。

3. から拭きする

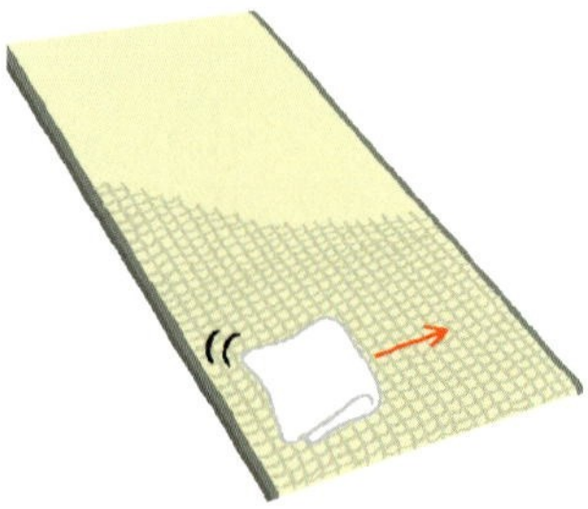

水拭きして湿ったところを乾いた布でから拭きし、風通しをよくして完全に乾燥させる。

ワンポイントアドバイス

お茶がらをまいて畳のほこりを絡み取る

お茶を入れた後のお茶がらがある場合は、固く絞って畳にまき、ほうき（P.138）で掃きましょう。湿り気がほこりを絡め取ってくれて、きれいになります。湿らせた新聞紙をちぎってまいてもOKです。

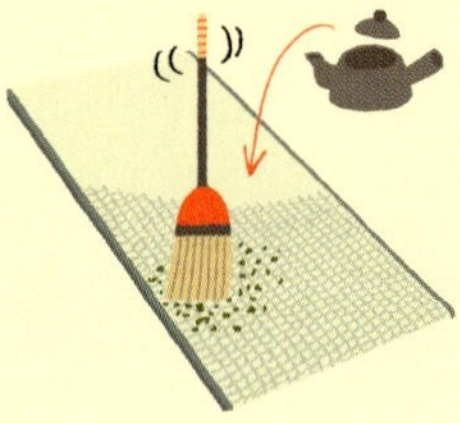

92

フローリングの日常のお手入れ

**フローリングは硬質床のため、
ほこりが舞い上がりやすく、
こまめにお手入れすることが大切です。
定期的にワックスを重ね塗りしていけば、
表面が保護されて堅固になり、傷がつきにくくなります。**

1. ペーパーモップでから拭きする

Point!
木の継ぎ目に水分が入ると腐食などの原因になるので、水拭きはNG！

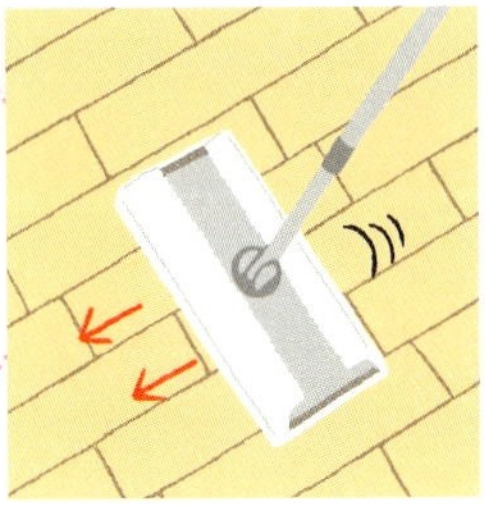

ペーパーモップ（P.138）をフローリングの木目に沿うようにかけ、表面のほこりやゴミを絡め取る。

2. 掃除機をかける

Point!
掃除機をかけても取れなければ、歯ブラシや竹串でかき出す。

フローリングの四隅や木の継ぎ目にほこりが溜まっていたら、掃除機（P.138）で吸い取る。

3. ワックスをかける

Point!
完全に乾くまで触らないこと。天気のよい日に行うと乾燥も早い。

フローリング用ワックスを布にしみ込ませ、木目に沿って少しずつ塗っていく。

ワンポイントアドバイス

みかんの皮を天然のワックスに再利用

食べ終わった後のみかんの皮で天然ワックスをつくりましょう。みかんの皮1個につき300mlの水を鍋で沸騰させ、皮を約20分間煮詰めてオイルを抽出します。その後半量の水で薄めれば、爽やかな柑橘系の香りのワックスが完成。万が一小さな子どもが床をなめてしまっても安心です。

窓ガラスの結露の防ぎ方

放っておくとシミやカビの原因になる結露。
冬は室内との温度差で
どうしてもできやすくなりますが、
こまめに換気をすることで、
ある程度発生を抑えられます。

1. 就寝前に換気する

就寝前に5分程度換気をして、窓の内側にこもった暖かい空気と湿気を外に逃がす。

2. 起床後に窓を拭き上げる

Point!
結露は一番気温が下がる早朝にでき始めるので、早めに拭くと室内への影響を予防できる。

起床後に乾いた布やタオルで、サッシに水滴が溜まらないよう、下から上に窓を拭き上げる。

3. こまめに換気する

暖房を止めた後や帰宅直後など、こまめに換気をして室内の空気を循環させる。

ワンポイントアドバイス

結露はどうして発生する？

結露の正体は「水蒸気」。温度が高いほど空気中には水分が多く含まれるため、外気によって窓まわりの室温が下がると、温度差の分だけ空気中の水蒸気が水となって窓に付着します。部屋に暖かい空気と湿気を溜め込まないよう、こまめな換気が大切です。

94 壁紙の日常のお手入れ

白色系の壁紙は、ほこりやすすが特に目立ちます。ビニール素材以外は水拭きできず、しみ込んで黒ずみになると取れないので、こまめにはたきをかけましょう。

1. はたきをかける

Point! 天井も忘れずに。

全体にはたき（P.138）をかけ、ほこりを取る。届かない箇所はペーパーモップ（P.138）でから拭きする。

2. 溜まったほこりを絡め取る

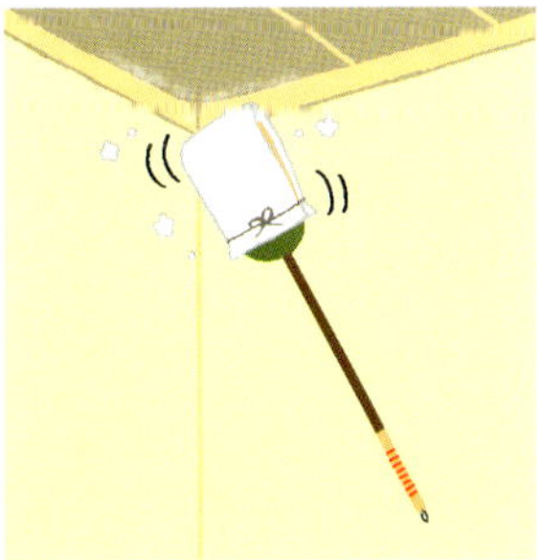

壁の隅など、ほこりが溜まりやすく取りにくい箇所は、ほうき（P.138）に古タオルをかぶせて絡め取る。

3. 換気をする

室内の湿度が高いと、壁紙が空気中の汚れを吸着してしまうので、換気をして室内の湿気を外に逃がす。

ワンポイントアドバイス

汚れた場所だけでなく全体をお手入れすることが大切

壁は面積も広く、つい部分的なお手入れで済ませてしまいたくなるもの。でも一点だけ集中的に汚れを取ると、そこだけもとの色に戻るため、かえってまわりの汚れが目立つことも。少し手間がかかっても全体をお手入れしましょう。

95

室内ドアの日常のお手入れ

ドア本体は、素材や表面塗装がデリケートな場合があるので、普段のお手入れはから拭きに留め、ノブやレールなど、汚れやすい本体まわりを中心にお手入れしましょう。

1. から拭きする

表面をから拭きする。落ちない汚れは、食器用中性洗剤液※（薄め）をつけた布で拭いた後、清め拭きする。

※洗剤原液を水で薄めたもの。

2. ノブを水拭きする

水で固く絞った布で水拭きする。手アカは食器用中性洗剤液※（薄め）をつけた布で拭いた後、清め拭きする。

※洗剤原液を水で薄めたもの。

3. レールに掃除機をかける

レール部分の溝のほこりやゴミは、掃除機（P.138）で吸い取る。取れないゴミは歯ブラシでかき出す。

ワンポイントアドバイス

ドアとセットでスイッチプレートもお手入れ

スイッチプレートも、ドアノブと同様に皮脂で汚れがちです。水拭きでも取れない黒ずみは、食器用中性洗剤液※（薄め）をつけた布で落としましょう。スイッチプレートがきれいになるだけで、部屋の印象も変わります。

※洗剤原液を水で薄めたもの。

96 カーテンを長持ちさせるお手入れ

室内のほこりや窓の水滴、手アカなど、カーテンは意外に汚れています。洗えるものとそうでないものがあるので、取り扱い絵表示（P.22）を見てからお手入れしましょう。

洗える場合

1. 洗濯ネットに入れて洗う

Point!
ほこり汚れがひどい場合は、外でバサバサと先にほこりを払ってから洗う。

カーテンをフックからはずしてたたみ、洗濯ネットに入れて弱水流（ドライ・手洗いコース）で洗う。

※数字は、洗濯機に水を溜めてから入れる順番を示す。

2. カーテンレールに吊るして干す

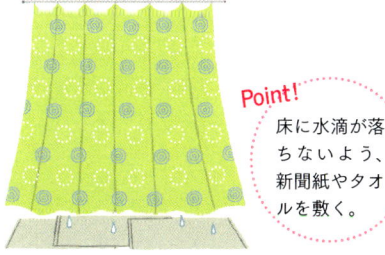

Point!
床に水滴が落ちないよう、新聞紙やタオルを敷く。

フックをつけ、もとのカーテンレールに吊るして乾かす。厚手のタイプは、外で陰干ししてもOK。

洗えない場合

掃除機をかける

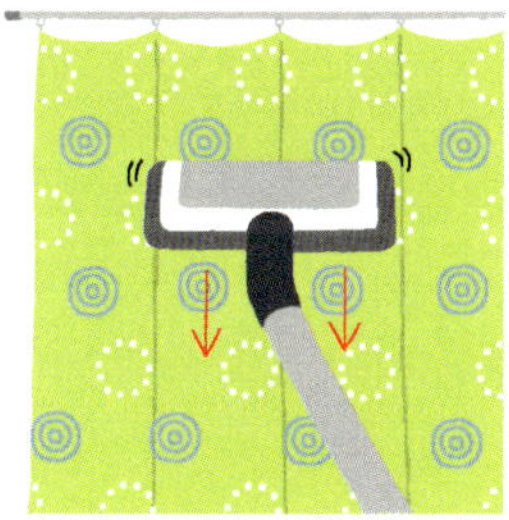

上から下に掃除機（P.138）をかけ、ほこりなどの汚れを取る。手アカは布にベンジンを含ませて拭き取る。

ワンポイントアドバイス

見落としがち！
カーテンレールのお手入れも忘れずに

せっかくカーテンをきれいにしても、カーテンレールにほこりが溜まっていると、またすぐに汚れる原因に。カーテンをお手入れするときには、レール部分も水で固く絞った布で拭き、乾いた布でから拭きしておきましょう。

97

畳の傷を目立たないようにするお手入れ

畳はその性質上、一度ついた傷を
完全に修復することはできません。
物を引きずることでできるささくれなど、
あらかじめ予防できるものは
日頃の行動パターンを見直すことで
しっかり予防しましょう。

焼け焦げ

1. 歯ブラシで削る

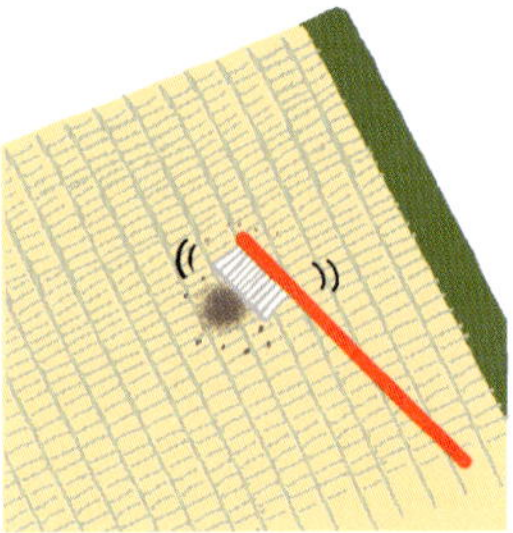

焦げた部分を、歯ブラシで削り取る。大きな焦げは、金たわしなどを使って軽く削るとよい。

2. 塩素系漂白剤で拭きぼかす

塩素系漂白剤を水で薄めて布にしみ込ませ、削った部分をトントンとたたくように拭きぼかす。

ささくれ

1. ささくれをカットする

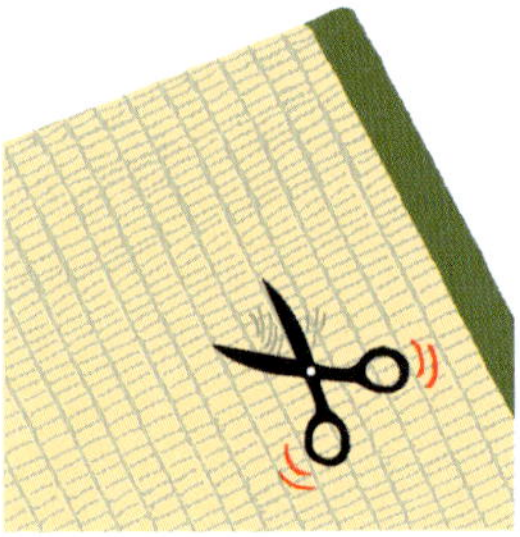

ささくれた部分の先端を、はさみやカッターナイフでできるだけ短くカットする。

2. マニキュアを塗る

カットしたところに透明のマニキュアを塗り、ささくれが広がらないよう、表面をコーティングする。

98 畳のへこみを目立たないようにするお手入れ

家具や家電を置いた後にできてしまう畳のへこみ。
一度へこんだ部分はもとには戻りにくいですが、
軽いものなら繰り返しスチームをあてることで
ある程度回復します。

1. へこんだ部分を湿らせる

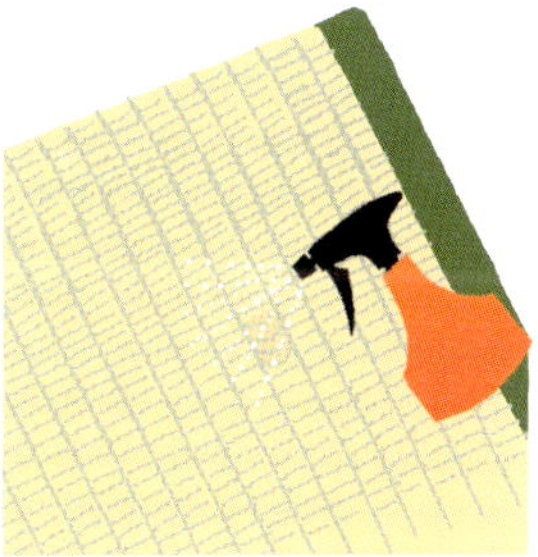

へこんだ部分に、霧吹きなどで水を吹きかける。少し湿らせる程度でOK。

2. スチームアイロンをあてる

Point! 戻らなければ、何度か繰り返す。

スチームアイロンを1cm程浮かして、へこんだ部分に2〜3秒じっくりあて、いぐさを回復させる。

ワンポイントアドバイス

畳の黄ばみを目立たなくさせるお手入れ

経年の日焼けや蛍光灯焼けによる黄ばみは避けられませんが、どうしても気になるところは緑茶で拭いてみるとよいでしょう。市販の緑茶粉末を濃いめに溶かした水にきれいな雑巾を浸し、固く絞って黄ばんだ部分を少しずつ拭きます。その後は風を通して早めに乾燥させましょう。

99 フローリングの傷を目立たないようにするお手入れ

フローリングは物を落としたり、
掃除機を引きずるだけでも傷つきやすく、
気づいたら床が傷だらけ……なんてことも。
同色のクレヨン補修剤を使って
目立たなくしましょう。

1. 傷を水拭きする

水で固く絞った雑巾で傷を拭き、まわりのほこりや、中に入り込んだ汚れを落とす。

2. 同色のクレヨンを塗る

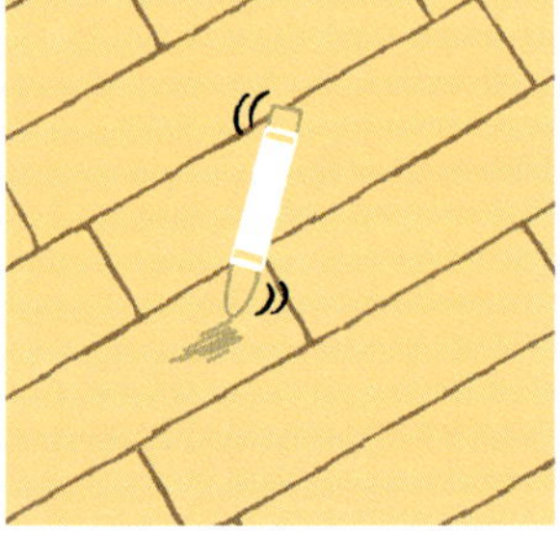

Point! まわりに合わせて木目も描くと、さらに傷が目立ちにくくなる。

フローリングと同色のクレヨンタイプの補修剤で、傷を埋めるように塗り込む。

3. から拭きする

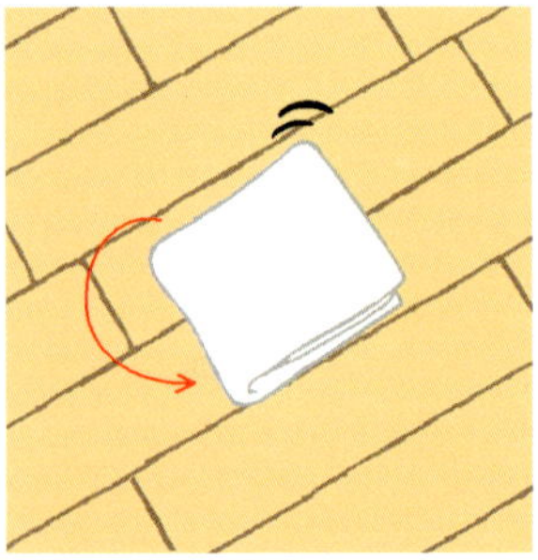

乾いた雑巾でから拭きする。このとき、傷とまわりをなじませるように拭きぼかしていくのがポイント。

ワンポイントアドバイス

フローリングに焼け焦げた跡がついてしまったら？

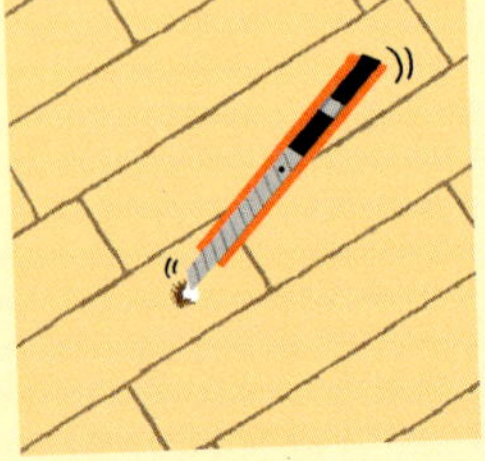

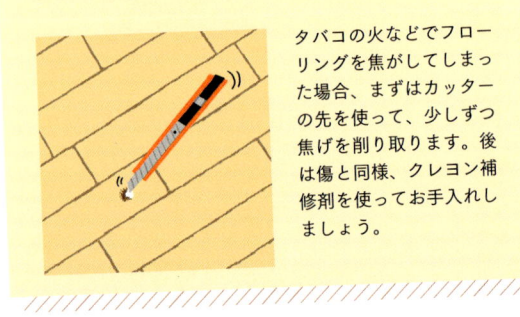

タバコの火などでフローリングを焦がしてしまった場合、まずはカッターの先を使って、少しずつ焦げを削り取ります。後は傷と同様、クレヨン補修剤を使ってお手入れしましょう。

100 フローリングのきしみの直し方

**ギシギシと嫌な音のする
フローリングのきしみは、
放っておくと継ぎ目から水分が入り、
ひずんだりはがれてくることも。
補修はかんたんなので早めに直しましょう。**

1. 板の継ぎ目に瞬間接着剤を塗る

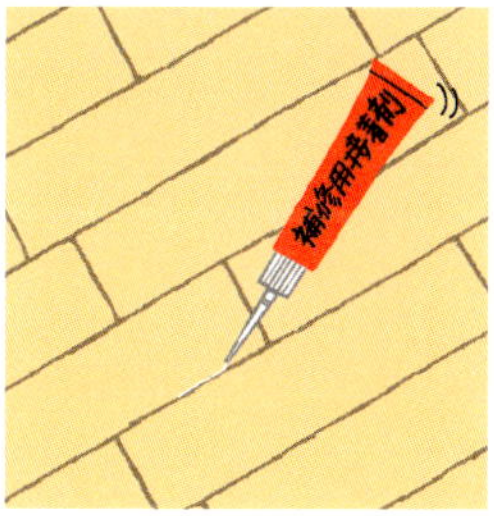

きしむ板とまわりの板との継ぎ目を、乾いた雑巾でから拭きし、補修用接着剤を流し込む。

2. 重しをのせてしばらく置く

完全に接着するまで、継ぎ目の両側に本などの重しをのせて、固定しておく。

ワンポイントアドバイス

フローリングがへこんでしまったら？

物を落としたり、家具や家電の重みでフローリングがへこんでしまった場合は、水で固く絞ったタオルをあて布にして、上からスチームアイロンを２～３秒間じっくりとあてます。何回か繰り返すことで、浅いへこみなら、蒸気で木が押し上げられてだんだん目立たなくなってきます。

101 ドアのきしみの直し方

ドアのきしみは、経年によるネジの緩みと、
蝶番《ちょうつがい》の軸がスムーズに
かみ合っていないことが原因です。
定期的にネジを締め、
シリコンスプレーを吹きかけておきましょう。

1. ネジを締め直す

蝶番のネジの緩みを確認する。緩んでいる場合は、ドライバーでしっかりと締め直す。

2. シリコンスプレーを吹きつける

軸の部分にシリコンスプレーを吹きかける。かみ合わせの部分に、特に集中的にかける。

3. 余分なスプレーを拭き取る

軸からはみ出した余分なスプレーを、乾いた布で拭き取る。汚れがあればいっしょに拭いておく。

ワンポイントアドバイス

ドアの鍵が回りにくくなったら

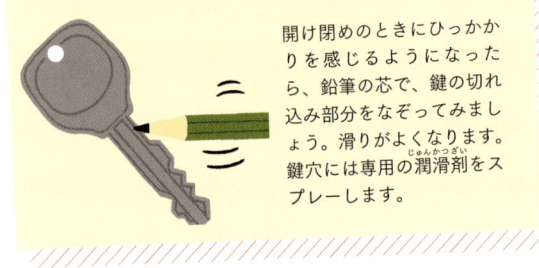

開け閉めのときにひっかかりを感じるようになったら、鉛筆の芯で、鍵の切れ込み部分をなぞってみましょう。滑りがよくなります。鍵穴には専用の潤滑剤《じゅんかつざい》をスプレーします。

102 壁のくぎ跡を目立たないようにするお手入れ

home

くぎ跡など、壁に開いた穴はつい目に入りがち。
直径５㎜くらいまでは目立たないように
接着剤で補修できます。
小さくちぎったティッシュも
いっしょに詰めるのがコツです。

1. ティッシュをよじる

指先でティッシュペーパーをよじり、穴の大きさに合わせてこよりをつくる。

2. 穴にティッシュを詰める

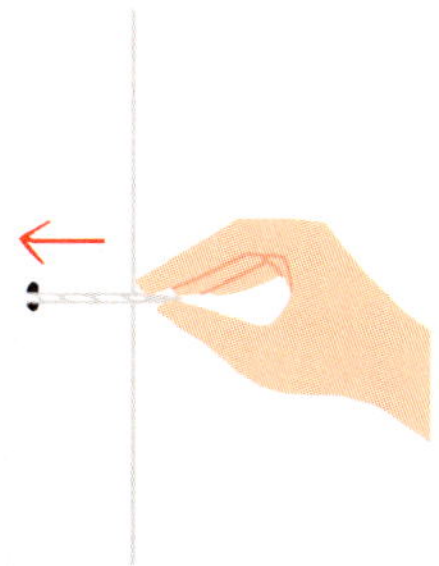

よじったティッシュを穴に詰める。壁からはみ出した部分はちぎり、残った繊維は穴に押し込む。

3. 接着剤を注入する

Point!
色がついた壁の場合は、ティッシュに着色しても。

穴に接着剤※を注入する。ティッシュを詰めることで、乾いたボンドの光りが目立たなくなる。

※木工用ボンドなど、乾くと透明になるもの。

ワンポイントアドバイス

壁紙がはがれかけたら？

壁紙のはがれは小さいうちに補修しましょう。壁紙の裏についたほこりやゴミを、乾いた布でから拭きしてから、壁紙補修用の接着剤を歯ブラシに出して均一に塗っていきます。壁紙を貼ったら、完全に接着するまで小さい押しピンなどで仮留めしておくとよいでしょう。

103 傷んだ網戸の張りかえ方

網戸は直射日光にさらされることで次第に劣化し、破れやすくなります。一度破れると補修できないので、早めに張りかえましょう。

1. 網戸をはずし、ゴムを引き出す

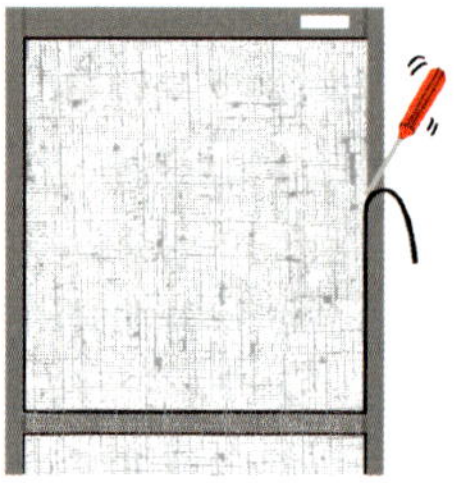

窓枠から網戸をはずす。ドライバーなどを使って網まわりのゴムを引き出し、古い網を取りはずす。

2. 新しい網を外枠にのせる

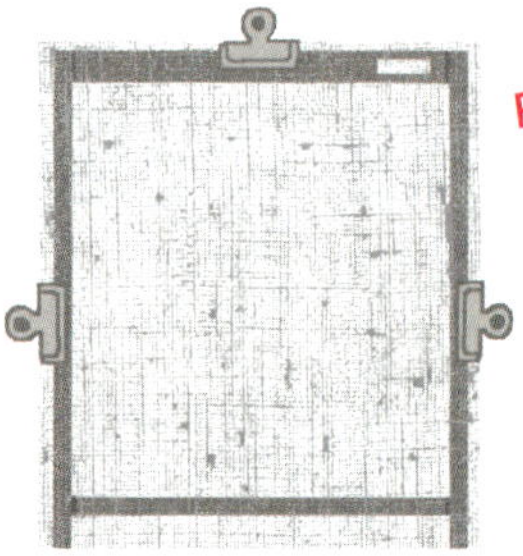

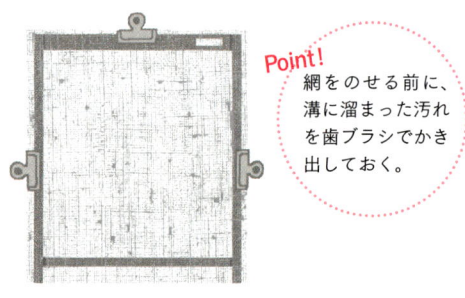

Point!
網をのせる前に、溝に溜まった汚れを歯ブラシでかき出しておく。

外枠よりもひとまわり大きい網をのせ、ずれないようにクリップなどで外枠と仮留めしておく。

3. ローラーでゴムを溝に押し込む

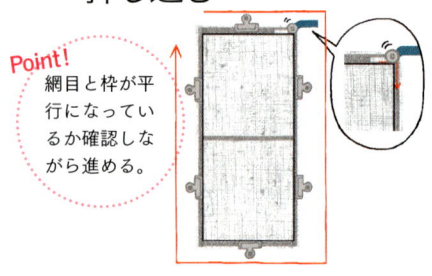

Point!
網目と枠が平行になっているか確認しながら進める。

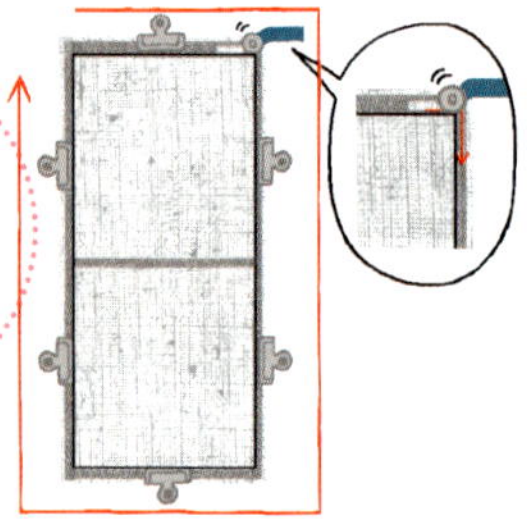

網戸用のローラーで、ゴムを短い辺から時計まわりに溝に押し込んでいき、網を固定する。

4. 余分な網を切り取る

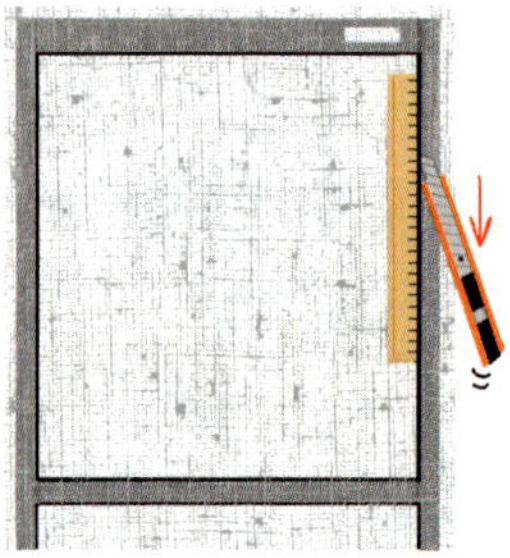

ゴムより外にはみ出した網を、ゴム部分に定規をあてて、カッターで切り取る。

104 破れた障子の補修

home

小さい子どもやペットのいるお宅では、障子は破れやすいもの。全面張りかえなくても、穴が開いたくらいなら、障子紙を切って貼るだけで簡単に補修できます。

大きな穴の場合

1. ひと枠分をはがす

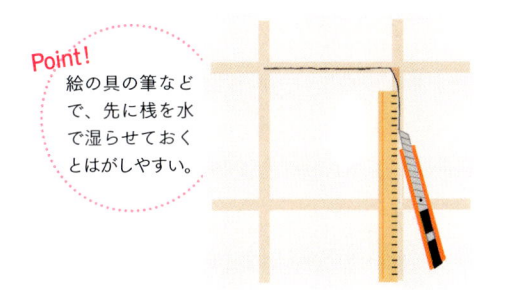

Point!
絵の具の筆などで、先に桟を水で湿らせておくとはがしやすい。

障子の裏側の桟《さん》に定規をあてて、カッターでひと枠分を切り、紙をゆっくりとはがす。

2. 糊で障子紙を貼る

新しい障子紙をひと枠分に切り、障子用の糊を桟につけて、上からゆっくりと紙を貼る。

小さな穴の場合

1. 穴に合わせて障子紙を切る

Point!
穴よりひと回り大きく切ると、後で貼りやすい。

障子紙を、穴の形に合わせて2枚切る。紙はホームセンター等で購入可能。障子用の補修シールでもOK。

2. 表と裏から糊《のり》で貼る

障子紙に糊をつけて、穴をふさぐようにていねいに貼る。裏面も同様にして貼る。

おすすめの住居用お手入れアイテム

住まいのお手入れにおすすめのアイテムを紹介します。床や壁など、
住居を長持ちさせるためには、その材質に合ったアイテムを使うことが大切です。

※写真は内藤商店製。著者私物。

畳のお手入れに

ほうき

表面が傷みやすい畳は、ほうきを使ってほこりやちりなどを掃き集めるとよい。柄は短めのほうが使い勝手がよく、便利。しっかり編まれた厚めのものがおすすめ。本書ではP.124などで使用。

ガラスや家具のお手入れに

マイクロファイバークロス

鏡などのガラス素材や繊細な家具は、マイクロファイバークロスを使って拭く。超極細のポリエステル繊維が、表面を傷めずに細かいほこりや菌まで除去。本書ではP.98、P.116、P.149などで使用。

（写真提供／イーオクト）

（写真提供／ダイソン）

住まいのさまざまなお手入れに

掃除機

布団やカーペット、エアコンのフィルターから床まで、住まいのいたる場所に使えるのが掃除機。吸引力のしっかりしたもの、かつコードレスタイプが使いやすくおすすめ。本書ではP.100、P.104、P.105などで使用。

フローリングのお手入れに

ペーパーモップ

硬質床で細かな傷がつきやすいフローリングは、ペーパーモップでお手入れする。壁の高いところなど、はたきでは届かないところにもOK。本書ではP.125、P.127などで使用。

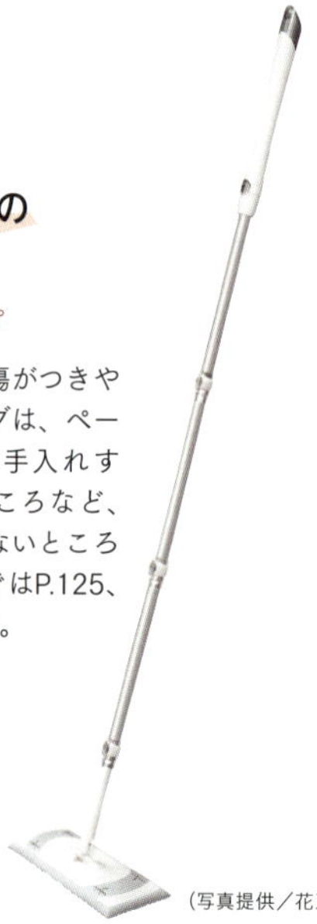

（写真提供／花王）

家具や壁紙のほこりとりに

はたき

家具や壁紙に付着したほこりは、はたきで絡めとる。あまり分厚くたまったほこりは舞い散るので、こまめにお手入れすることが大切。本書ではP.99、P.127などで使用。

※写真はREDECKER製。
著者私物。

chapter 6

雑貨・その他のお手入れ

趣味の道具や日用品、自転車のチェーンの直し方まで、そういえばこれってどうすればいいんだっけ？　といったときに役立つお手入れの方法を集めました。少しだけ手をかけて、身のまわりのものと長くつき合いましょう。

105

テントを長持ちさせるお手入れ

一見きれいに見えても、夜露や砂ぼこり、泥などでテントは汚れています。使用後には必ずお手入れするのが長持ちさせるカギ。現地で撤収前に行うと、帰宅してから楽です。

1. 陰干しする

Point!
竿に垂らして干すと、生地が縮んで次回ポールが入らなくなることも。

たたむ前に風通しのよい場所で陰干しする。表面が乾いたら、裏返してフロア（内部）も干す。

2. 汚れをたたき落とす

Point!
変色のおそれがあるので、洗剤はなるべく使わない。

軽く手でたたき、乾燥した泥を落とす。細かい汚れやほこりは、ぬるま湯で固く絞った布やタオルで拭き取る。

3. ゴミを出してたたむ

逆さにして振り、フロアのゴミを出してからたたむ。ライターなどの小物類が残っていないかもチェック。

4. 風通しのよい場所で保管する

ケースに入れて保管する。車のトランクに入れたままにすると、熱がこもって生地が劣化するので厳禁。

106 シュラフを傷めない洗い方

シュラフは使用後に陰干しするのが基本ですが、汗や皮脂による汚れが溜まると保温性の低下にもつながるので、数回に1回は丸洗いしましょう。ダウン製を洗う場合は、必ず専用洗剤を使い、特によく乾かします。

1. 前処理をする

Point! 軽く生地をもんで洗剤をなじませると、さらに汚れが落ちやすくなる。

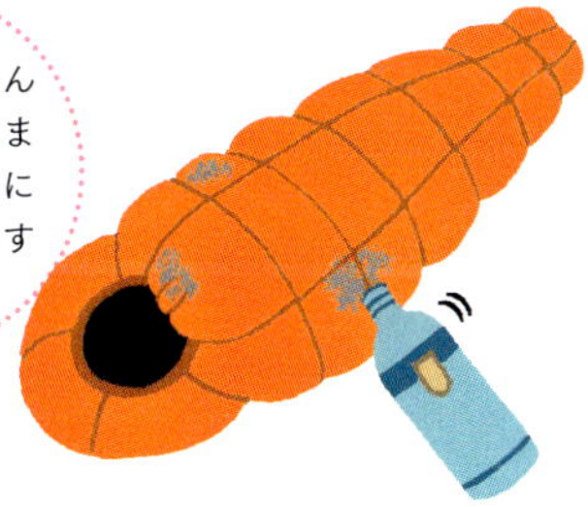

汚れが目立つ部分に、ダウン製ならダウン専用洗剤、化繊綿なら洗濯用中性洗剤をしみ込ませておく。

2. 浴槽《そう》でふみ洗いする

浴槽にぬるま湯を溜めて素材に合った洗剤を溶かし、シュラフを足でふみながら洗う。

3. すすいで水を切る

泡が出なくなるまでよくすすぎ、手で押さえて水を切った後、バスタオルで挟んでもう一度水を切る。

4. 日陰で平干しする

Point! ゆっくりと時間をかけて完全に乾かす。1週間以上かかることも。

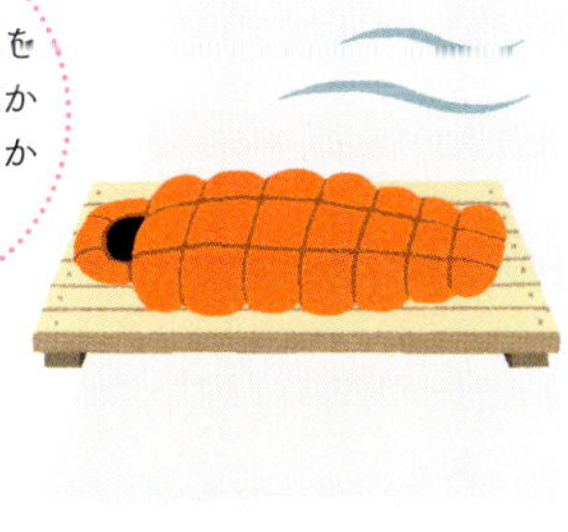

風通しのよい日陰で広げて干す。ダウン製は、先に乾燥機（低温）で乾燥させてから干すと乾きやすい。

107

水着が泥で汚れたときの洗い方

浜辺に座ったり寝ころんだりしたときに
水着についた泥は、すぐに洗っても落ちません。
帰宅したら、まずは自然乾燥で泥の水分を飛ばして
土に戻し、指ではじいてから洗いましょう。

1. 自然乾燥させる

Point!
ビキニタイプの場合、トップスは伸びにくいアンダー部分を洗濯ばさみで挟んで干す。ワンピースタイプは型くずれ予防に平干しにするとよい。

軽く水洗いして砂や塩分を流してから、陰干しして自然乾燥させる。泥の部分はこすらないこと。

2. 泥をはじく

泥の水分が完全に飛んで土に戻ったら、生地の裏側から指で土をはじき落とす。

3. 押し洗いする

洗いおけに水を張って洗濯用中性洗剤を溶かし、押し洗い（P.27）する。パットも取り出して洗う。

4. 水けを絞り陰干しする

洗剤が残らないようによくすすいでから、手で挟んで軽く水けを絞り、陰干しする。

108 浮き輪を翌年も使えるようにするお手入れ

**ビニール素材は雑に扱うと劣化が早まります。
シーズン中は水洗いして
乾かす程度でOKですが、
シーズン後、しまうときには洗剤で汚れを落とし、
収納場所にも気をつけましょう。**

1. 全体を洗う

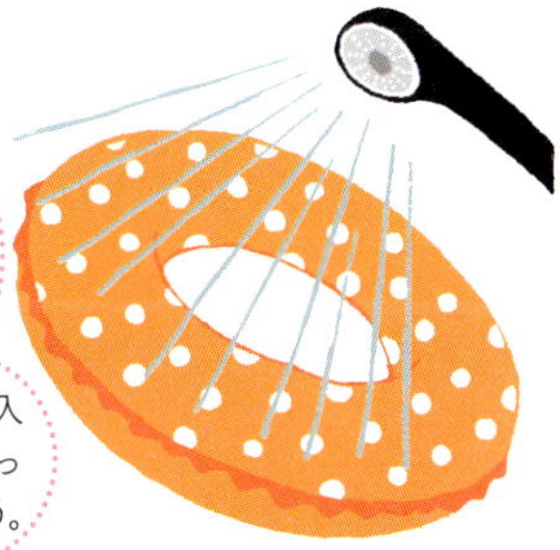

Point!
空気を入れた状態で洗うと、表面の砂などの細かい汚れも取りやすい。

空気注入口もしっかり洗う。

水洗いして砂やちりを落とす。目立つ汚れは、食器用中性洗剤液※をスポンジ（P.96）に含ませて洗う。

※洗剤原液を水で薄めたもの。

2. すすいで陰干しする

洗剤が残らないようによくすすいでから、風通しのよい日陰で乾かす。空気注入口は開けておく。

3. たたんで収納する

Point!
直射日光が当たる場所や、温度差が激しい場所での保管はNG ！

空気を抜き、空気注入口と折り目が重ならないようにたたみ、風通しのよい暗所に保管する。

ワンポイントアドバイス

使用の前日には空気を入れて破損をチェック

ビニールは使わずに置いておくだけで経年劣化し、破損しやすくなるものです。浮き輪を使用する前日には一度空気を入れ、1日ほど放置してみて穴が開いていないか、空気の漏れがないかを必ず確認しましょう。

109 ゴルフクラブを長持ちさせるお手入れ

プレー後のゴルフクラブは、泥や砂、芝や水けで大変汚れており、放っておくとさびや腐食の原因となって後々のプレーに影響を及ぼすことも。お手入れで、大切なクラブをしっかり守りましょう。

1. ヘッド部分の汚れを落とす

Point!
雨の日のプレー後は、先に水分を拭き取り、陰干しして乾かしてからお手入れする。

靴ブラシ（P.76）やたわしなどで、ヘッド部分のフェイス面やソールについた泥や砂、芝を落とす。

2. オイルクリーナーを塗る

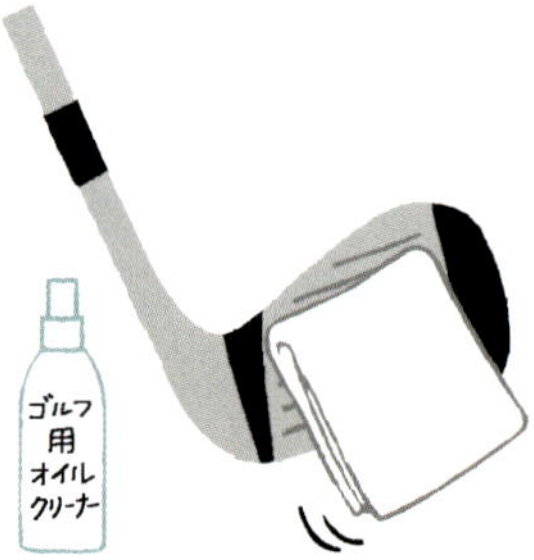

布に、ゴルフクラブ専用のオイルクリーナーを取り、ヘッド部分に塗って磨いていく。

3. から拭きする

乾いた布でから拭きする。シャフト部分もから拭きして、汚れを落としておく。

4. グリップを水拭きする

Point!
汚れがひどければ、泡立てた石けんを手につけてこすり洗いし、シャワーなどでよくすすぐ。

グリップは水拭きして、汗や皮脂による汚れを落とし、陰干しして自然乾燥させる。

110 釣り竿を長持ちさせるお手入れ

釣り竿を長持ちさせるには、釣りの後、その日のうちにお手入れすることが大切です。入浴のついでに、竿についた塩分や砂ぼこりを洗い落としましょう。

1. 全体を洗う

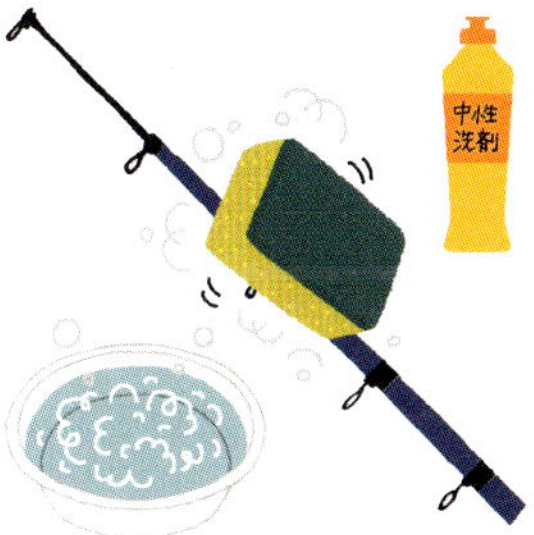

ぬるま湯に食器用中性洗剤を溶かして、よく泡立たせたスポンジ（P.96）で、竿全体を洗う。

2. 歯ブラシで汚れをこする

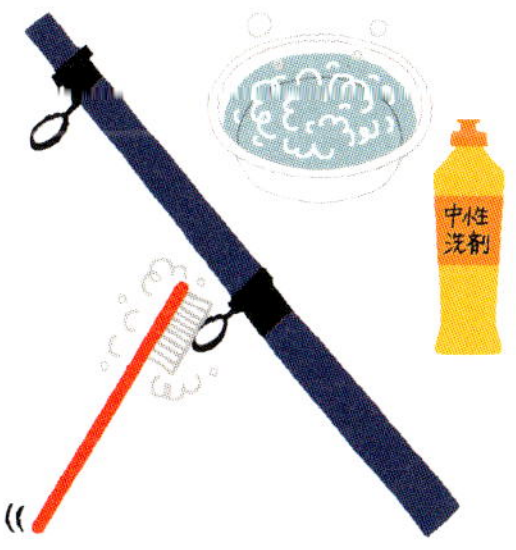

ガイドのすきまなどにこびりついた汚れは、食器用中性洗剤液※をつけた歯ブラシでこすって落とす。

※洗剤原液を水で薄めたもの。

3. すすいで陰干しする

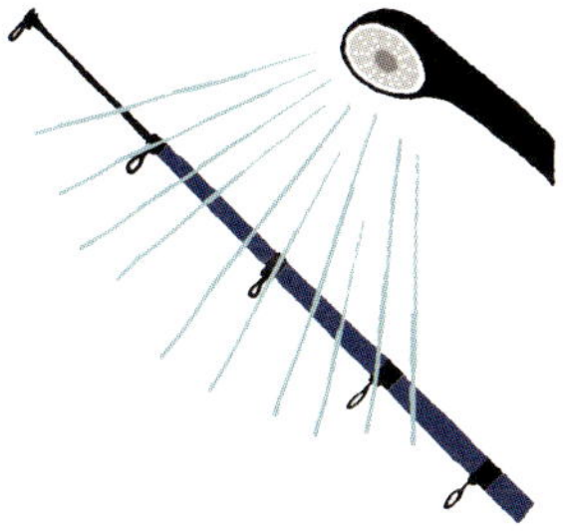

シャワーなどで、洗剤をよくすすぐ。水を切り、軽くタオルで水分を拭き取った後、陰干しする。

ワンポイントアドバイス

リールのお手入れ

リールも竿と同様、早めにシャワーなどの流水で洗い流しましょう。完全に汚れが落ちたらタオルで水分を拭き取り、陰干しします。仕上げに可動部に潤滑《じゅんかつ》油《ゆ》スプレーを注入しておくと、次も気持ちよく使えます。

111 ひな人形をしまうときのお手入れ

女の子の健やかな成長を願うひな人形は、扱い方やお手入れを怠ると、すぐに傷んでしまうデリケートなもの。しまう前にていねいにお手入れして、翌年も美しい姿で飾りましょう。

1. ほこりを払う

Point!
人形に触れるときは必ず先に手を洗うか、使い捨ての手袋をはめること。

はずせる小物ははずし、化粧筆や絵筆などを使って優しく表面のほこりを払う。

2. ガーゼで包む

ガーゼのような通気性のよい布や紙を適当な大きさにカットし、顔と胴体をそれぞれ緩めにくるむ。

3. 箱に入れる

箱に入れ、ティッシュペーパーなどのやわらかい紙をまわりに詰めて、人形を緩く固定する。

4. 暗所で保管する

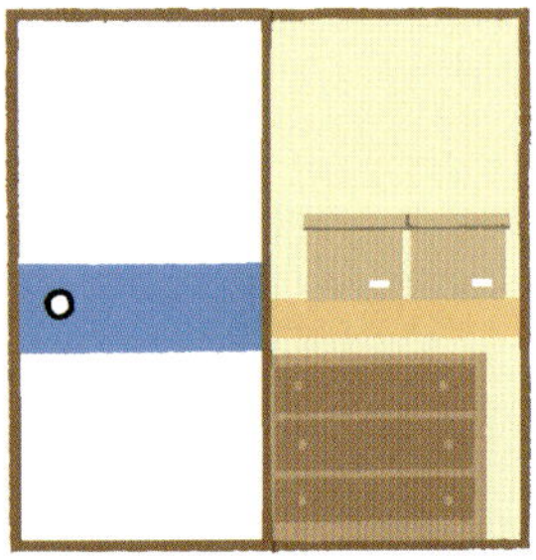

押し入れの上段など、湿気が少ない暗所で保管する。年に２回ほど、箱を開けて風を通すとよい。

112 ペット用キャリーバッグを清潔に保つお手入れ

キャリーバッグの素材はさまざまですが、
使用後のお手入れは基本的に同じです。
短時間の移動が中心なら、
頻繁に洗ったり拭いたりする必要はなく、
陰干しだけで十分です。

1. 内側をブラッシングする

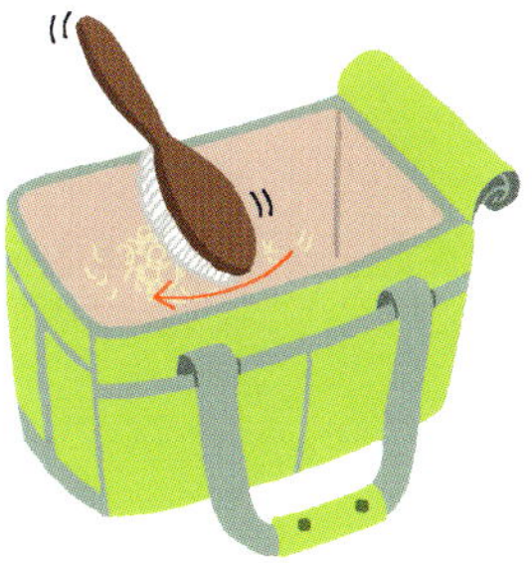

ペット用ブラシなどで内側をブラッシングし、毛を集めて取る。取りにくければガムテープを使ってもよい。

2. 陰干しする

口を開けて広げたまま、風通しのよい場所で陰干しし、湿気やにおいを飛ばす。

3. 消臭剤をかける

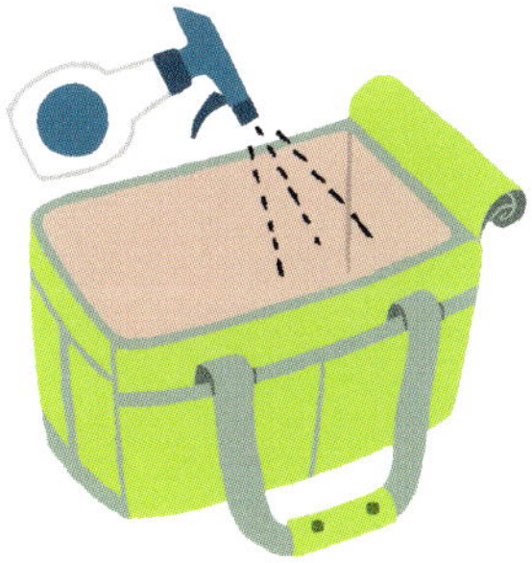

においが気になるようであれば、ペット専用消臭剤をかける。HPエアーリフレッシャー（P.45）もおすすめ。

ワンポイントアドバイス

内側が汚れたときのお手入れ

ソフトタイプに多い布製やポリエステル製などは、水と洗濯用中性洗剤を使って手洗いできます。洗剤が残るとペットにもよくないので、すすぎは念入りに行いましょう。ハードタイプなど、洗えないものは、水で固く絞った布で水拭きした後、から拭きして陰干しします。

113 首輪が汚れたときのお手入れ

首輪をお手入れする、ということは
あまりないかもしれませんが、
フードのかすがついたり、
散歩中の汚れがついたりするものです。
ときどきは拭き取ってあげることが大切です。

1. 水拭きする

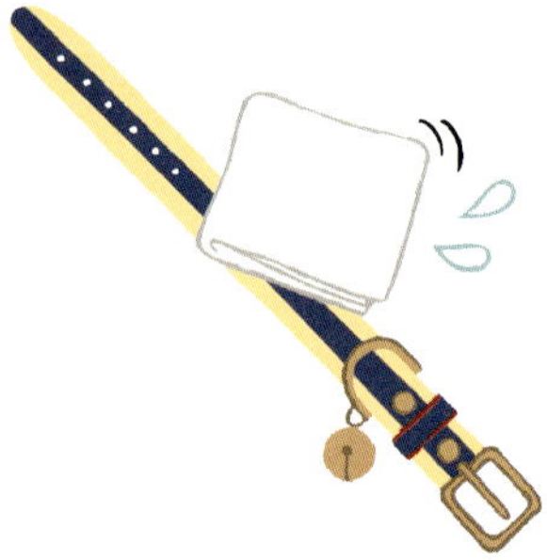

水を固く絞った布で全体を水拭きする。ペットに直接触れる部分なので、洗剤はNG。

2. から拭きする

乾いたきれいな布で全体をから拭きし、水けをしっかりと拭き取る。陰干しして乾かしてもよい。

3. 金具をから拭きする

バックルや鈴などの金属部分は、乾いた布でから拭きする。金属磨き液などは使わない。

ワンポイントアドバイス

皮革製の場合のお手入れ

皮革製の首輪は、ペットに直接触れるため、靴やバッグなど、人間の革製品に使うようなクリームを塗るのは厳禁。シミになることもあるので、水拭きもなるべく控えます。普段のお手入れならから拭き程度に留めましょう。

114 鏡に跡がつかない磨き方

水や洗剤をつけたタオルは、
鏡に磨いた跡が残ってしまいます。
超極細繊維のマイクロファイバークロスで
磨きましょう。取れないくもりは水アカなので、
クエン酸を使って落とします。

1. から拭きする

目立つほこりや汚れは先に布などで取ってから、マイクロファイバークロス（P.138）でから拭きする。

2. くもりにクエン酸溶液を湿布する

Point!
クエン酸溶液は、水100ccにつきクエン酸（P.122）を小さじ1～2杯溶かしてつくる。

クエン酸溶液にキッチンペーパーを浸し、くもり部分に湿布して30分程度置く。

3. 水アカをこする

浮き出た水アカを乾いた布でこすり落とす。仕上げにマイクロファイバークロス（P.138）でから拭きしておく。

ワンポイントアドバイス

外出先ではめがね拭きで代用を

超極細繊維でガラス表面の細かいちりを絡め取るマイクロファイバークロス（P.138）は、めがね拭きの素材としてもよく使われています。携帯すれば、外出先で手鏡の汚れをさっと拭き取りたいときにも便利です。

115 メイクグッズを傷めない洗い方

メイクグッズについた皮脂や化粧品は、
雑菌繁殖のもと。直接肌に触れるものだからこそ、
ていねいにお手入れしましょう。
特に汗や皮脂が出やすい夏場は頻繁に洗い、
清潔に保ちます。

メイクブラシ

1. もみ洗いする

Point!
毛先がパサつくので、洗剤の使用は少なめに！

ぬるま湯に食器用中性洗剤を薄めに溶かし、メイクブラシを浸しながら、指先で優しくもみ洗い（P.27）する。

2. 振りながらすすぐ

きれいな水の中で振りながらすすぐ。洗剤が残らないよう、水は何回か取りかえる。

3. 水けを切り、陰干しする

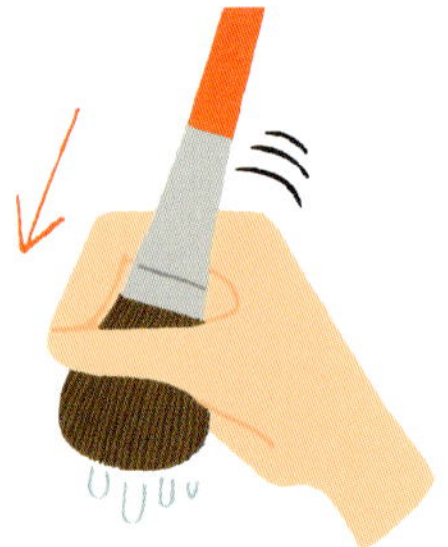

根もとから毛先に向かって指先でしごくように水を切り、毛先を下にして陰干しする。

4. 途中で毛先をほぐす

ある程度乾いたら、指先で毛先をほぐすようにして毛並みを整え、軽く形を整える。

ヘアブラシ

1. 毛をカットする

取れる髪の毛やゴミは先に取っておく。根もとに絡みついた髪の毛は、はさみで切る。

2. 振り洗いする

Point!
こびりついた汚れは歯ブラシでかき出す。

ぬるま湯に食器用中性洗剤を薄めに溶かし、ブラシを入れて振り洗い（P.27）しながら汚れを落とす。

3. 陰干しする

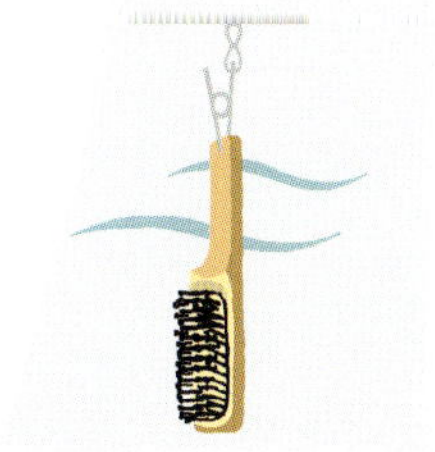

洗剤が残らないようによくすすいだら水を切り、柄の部分を洗濯ばさみで挟んで陰干しする。

スポンジ、パフ

1. もみ洗いする

ぬるま湯に食器用中性洗剤を薄めに溶かし、指先で汚れを押し出すようにもみ洗い（P.27）する。

2. すすぎ、パフは毛並みを整える

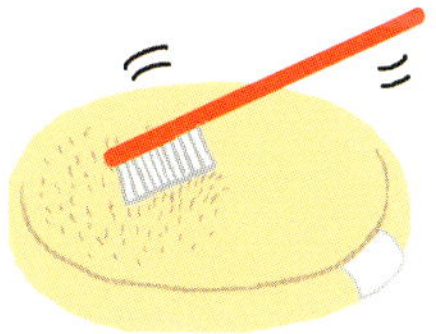

きれいな水で何度かすすぐ。パフは、水を切ってから歯ブラシで毛並みを整える。

3. 陰干しする

洗濯ばさみで挟んで陰干しする。表面が傷むようなら、タオルの上に置いて平干ししてもOK。

116 ぬいぐるみを傷めない洗い方

stuffed toy

お気に入りのぬいぐるみが汚れたままなのは
悲しいもの。タグで取り扱い絵表示（P.22）を確認して、
天気のよい日に洗ってあげましょう。
電池が内蔵されたものや、革が使用されたものは
洗わずにお手入れします。

洗える場合

1. 押し洗いする

Point!
初めて洗う場合は、先に色落ちチェック（P.29）をすること。

リボンなどの付属品をはずし、ぬるま湯に洗濯用中性洗剤を溶かして優しく押し洗い（P.27）する。

2. すすいで絞る

洗剤が残っていると、カビや変色の原因に。数回水をかえながらよくすすぎ、最後に軽く手で押して絞る。

3. 洗濯機で脱水する

バスタオルでぬいぐるみをくるみ、さらにネットに入れて洗濯機で約1分間脱水する。

4. 陰干しする

Point!
毛が長いタイプは、先にくしで毛並みを整える。

脱水が終わったらすぐに取り出してタオルをはずし、風通しのよい日陰で干して乾かす。

洗えない場合

1. 水拭きする

水で固く絞ったやわらかい布で、表面を拭き、ほこりや細かい汚れをていねいに取る。

2. 汚れは洗剤で落とす

目立つ汚れは、食器用中性洗剤液※を布につけ、軽くたたくようにして拭く。

※洗剤原液を水で薄めたもの。

3. 陰干しする

違う布で洗剤が残らないように清め拭きし、風通しのよい日陰で完全に乾かす。

ワンポイントアドバイス

日常のお手入れはどうすればよい？

●ほこりを払う
洗えるものも洗えないものも、日常的に洋服ブラシ（P.38）でブラッシングしてほこりを払うだけでも、きれいな状態をかなり保つことができます。

●虫干しする
ときどき天気のよい日に、黒いビニール袋にぬいぐるみを入れて口をしばり、数時間日光にあてておくと虫干しになり、ダニなどの発生を予防することができます。

117

自転車のさびの落とし方

ハンドル部分やサドル下など、表面がさびた自転車は
見た目にも気になるもの。
接着剤を塗り、乾かしてから
はがしてみましょう。
接着剤といっしょにさびもはがれてきます。

1. 接着剤を塗る

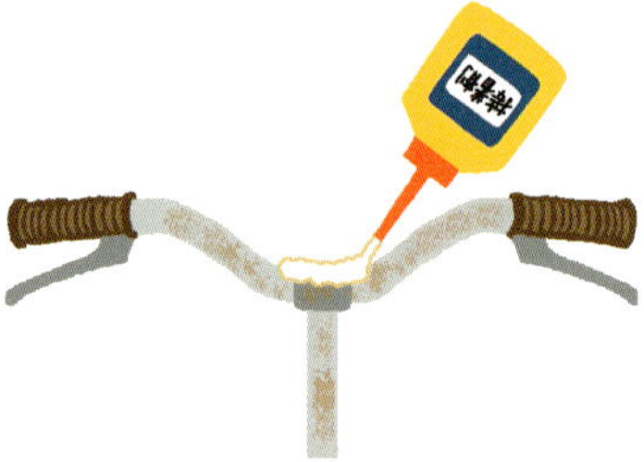

さびた部分に接着剤※を厚めに塗り、完全に乾いて透明になるまで置いておく。

※木工用ボンドなど、乾くと透明になるもの。

2. 接着剤をはがす

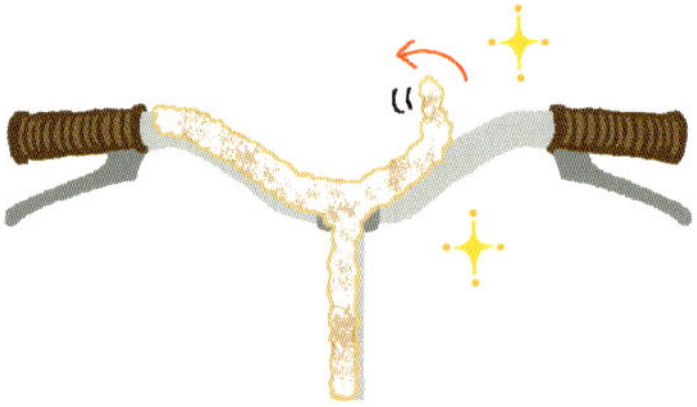

端からゆっくりと接着剤をはがしていく。接着剤が残ったら、濡らした雑巾でこすって落とす。

3. 取れないさびは金属磨き液で磨く

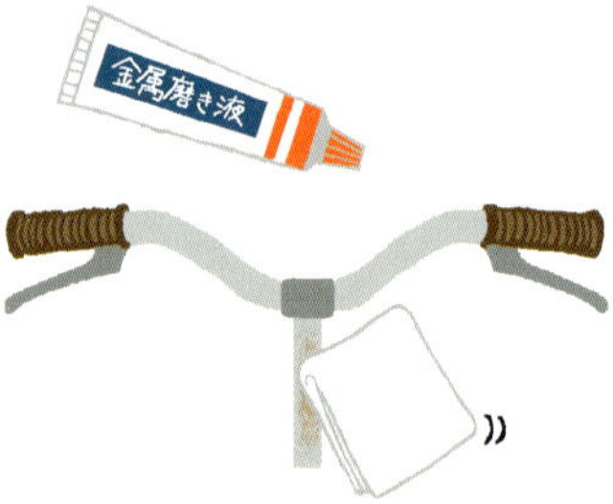

取れないさびは、市販の金属磨き液をいらない布や雑巾に含ませて、ていねいに磨く。

ワンポイントアドバイス

水分はさびの大敵！濡れたらすぐにから拭きを

さびは水分によって発生しやすく、雨に濡れたまま自転車を屋外に放置するとすぐにさびてしまいます。濡れたら早めに水分を拭き取りましょう。また、ほこりも湿気の原因になるので、普段からときどき拭いておくとよいでしょう。

118 自転車のはずれたチェーンの直し方

油切れや金属の摩耗によるチェーンのはずれは、
自転車でよく起こるトラブルのひとつです。
直し方はそれほど難しくないので、
いざというときのために覚えておきましょう。

1. チェーンカバーをはずす

チェーンにカバーがついている場合は、ドライバーでネジを回して取りはずす。

2. チェーンをギアの歯に引っかける

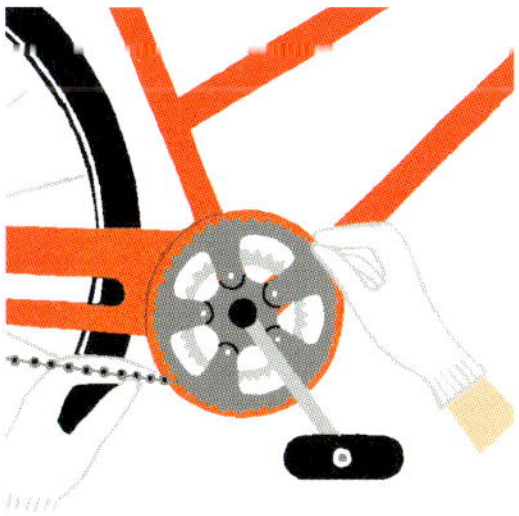

Point!
チェーンがギアの奥に落ち込んでいる場合は、ドライバーなどを使って引き出し、チェーンにかける。

軍手などをはめた手で、はずれているチェーンをギアの歯に引っかけてもとに戻す。

3. ペダルを回す

後輪を浮かせながらペダルを少しずつ回すと、チェーン全体がギアに絡んでいく。

ワンポイントアドバイス

変速機がついている自転車の場合は？

自転車に変速機がついている場合は、まず変速レベルを若い数字に設定します。後輪についたプーリーを押してチェーンをたるませたら、ギアにチェーンを引っかけます。

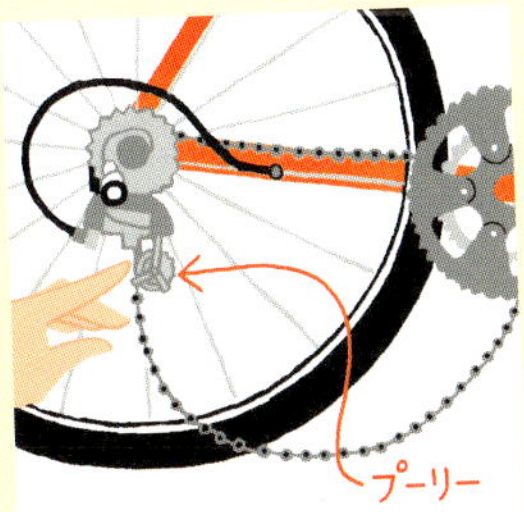

119 万年筆が書けなくなったときのお手入れ

お祝いでいただくことも多い万年筆ですが、
気づけば引き出しの中で眠っている、なんてことも。
書けなくなるのはインクの乾燥が原因なので、
日常使いすることが万年筆の
一番のお手入れになります。

1. ペン先を水に浸ける

吸入式のものは、コップなどに張った水の中にペン先全体を浸ける。ぬるま湯でもOK。

2. 内部を洗う

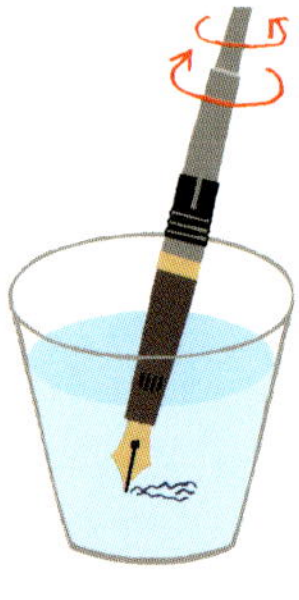

上部についた吸入ノブを回しながら、インクが出なくなるまで水を出し入れして内部を洗う。

3. から拭きする

乾いた布で、ペン先の水分をていねいに拭き取り、新しくインクを入れて使う。

ワンポイントアドバイス

カートリッジ式・コンバータ式の万年筆のお手入れ

カートリッジまたはコンバータを抜き、ペン先とペン先のついた部分だけを水かぬるま湯の入ったコップの中にひと晩浸けて、詰まったインクを緩ませます。次の日、水でインクをきれいに洗い流し、最後に乾いた布で水分を拭き取ります。

120 ボールペンが書けなくなったときの直し方

pen

**しばらく使わないでいると
書けなくなってしまうボールペン。
振ったり温めたりとさまざまな直し方がありますが、
ここでは輪ゴムを使った方法を紹介します。**

1. ボールペンに輪ゴムを貼る

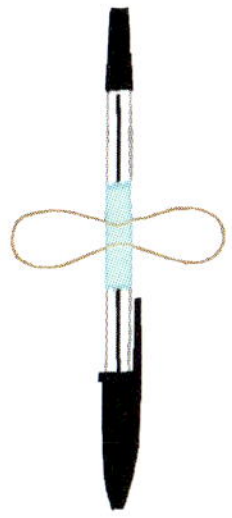

ボールペンの中心にテープで輪ゴムを貼る。ペン先はしまうかキャップをつけて、インク漏れを予防する。

2. 輪ゴムをねじる

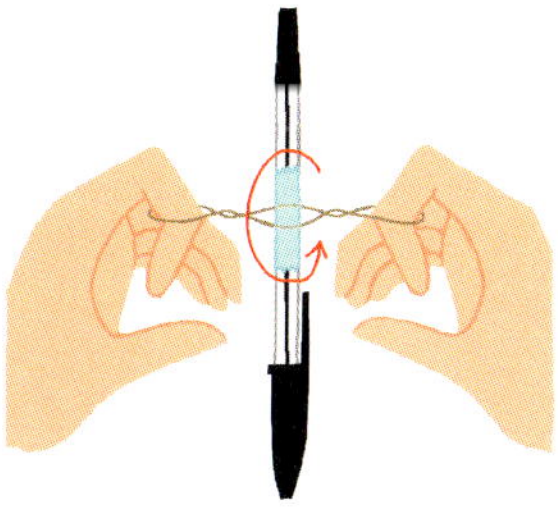

図のように輪ゴムの両端に指をかけ、ボールペンを一回転させて輪ゴムをねじる。

3. ボールペンを回転させる

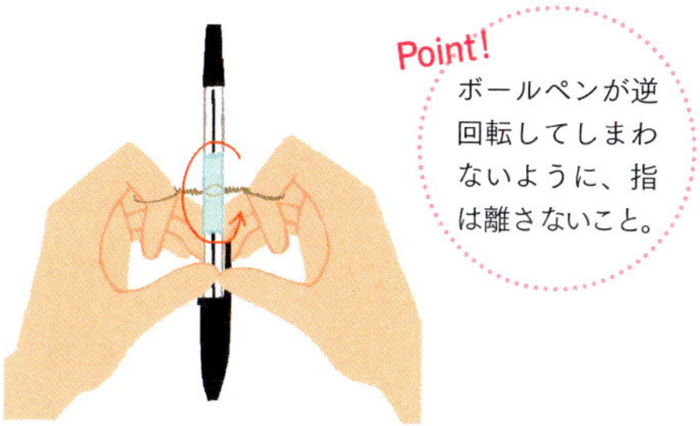
Point!
ボールペンが逆回転してしまわないように、指は離さないこと。

さらに輪ゴムがねじれるように、ボールペンを同じ方向に、指で何十回も回転させる。

4. ボールペンを逆回転させる

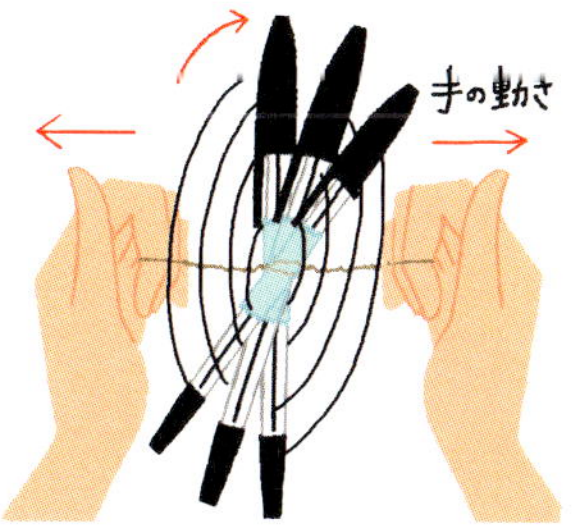
手の動き

ボールペンから指を離して逆回転させる。回り切ったらためし書きし、インクが出なければ**2**、**3**を繰り返す。

アイテム別 INDEX

【参考文献】

『山用具メンテナンス』(ワンダーフォーゲル編集部／山と渓谷社)

『紳士靴完全マニュアル』(スタジオタッククリエイティブ)

『ソーイングのきほん事典』(添田有美／西東社)

『見てすぐできる！「手入れ手直し」の早引き便利帳』(ホームライフ取材班編／青春出版社)

『10年着るための衣類ケアブック』(石川理恵取材・文、COMODO編集部編／技術評論社)

【取材協力】

●18〜19、27、29、138ページ
イーオクト株式会社
http://www.eoct.co.jp/

●143ページ
ロゴスコーポレーション
http://www.logos.ne.jp/

●147〜148ページ
イケダペットファーム池袋店
http://www.ikedabokujou.co.jp/

【写真協力】

●27、138ページ
花王株式会社
http://www.kao.com/jp/

●45ページ
株式会社アート・ラボ
http://www.artlab.co.jp/

●76ページ
株式会社コロンブス
http://www.columbus.co.jp/

●96ページ
株式会社ダスキン
http://www.duskin.co.jp/

●122ページ
株式会社丹羽久
http://www.niwakyu.com/

●122ページ
健栄製薬株式会社
http://www.kenei-pharm.com/

●27、122ページ
シャボン玉石けん株式会社
http://www.shabon.com

●138ページ
ダイソン株式会社
http://www.dyson.co.jp/

●27ページ
P&Gジャパン株式会社
http://jp.pg.com/

●27ページ
ライオン株式会社
http://www.lion.co.jp/

◎装幀・ロゴ制作……藤田大督
◎本文デザイン………大木真奈美、熊谷昭典(SPAIS)
◎イラスト……………オカダケイコ
◎執筆…………………ふなかわなおみ(からくり社)
◎撮影…………………横田裕美子(STUDIO BAN BAN)
◎編集制作……………株式会社童夢

●著者紹介

阿部 絢子(あべ・あやこ)

生活研究家、消費生活アドバイザー。

共立薬科大学卒業。洗剤メーカーに薬剤師として勤務後、フリーランスの消費生活アドバイザーとして、科学的かつ合理的な生活提案を行う。食品、料理、家事全般に精通し、各種メディアで生活提案をして活躍中。著書に『かしこく暮らす100の知恵』(文化出版局)、『リバウンドなし！ 覚悟の片付け』(NHK出版)、『始末のいい暮らし方〜ムダの少ない、気持ちのいい毎日のために〜』(大和書房) など多数。

PHP ビジュアル実用BOOKS

新品みたいに長持ち！ お手入れの教科書

2013年11月1日　第1版第1刷発行
2014年2月26日　第1版第2刷発行

著　　者———阿部　絢子
発 行 者———小林　成彦
発 行 所———株式会社PHP研究所
東京本部　〒102-8331　千代田区一番町21
生活教養出版部　☎03-3239-6227(編集)
普 及 一 部　☎03-3239-6233(販売)
京都本部　〒601-8411　京都市南区西九条北ノ内町11
PHP INTERFACE http://www.php.co.jp/
印刷・製本所———凸版印刷株式会社

ISBN978-4-569-81495-7